Comunicazione efficace

~ 2 libri in 1 ~

Tecniche per migliorare la comunicazione liberandosi dall'ansia sociale.

Aumentare l'autostima e la fiducia in sé stessi per migliorare le relazioni sociali.

Ted Goleman

INDICE

PARLARE IN PUBBLICO 7

INTRODUZIONE 9

CAPITOLO 1. COME PARLARE CON CHIUNQUE STABILENDO UNA RELAZIONE 11

    PERCHÉ LE ABILITÀ SOCIALI SONO PIÙ RILEVANTI DI QUANTO SI POSSA PENSARE . 12

    STABILIRE OBIETTIVI PER MIGLIORARE LE TUE ABILITÀ SOCIALI 18

CAPITOLO 2. ABILITÀ INTERPERSONALI 23

    CAPACITÀ DI ASCOLTO 23

    PASSIVO VS ATTIVO 24

    EMPATIA E COMPRENSIONE 27

    CAPACITÀ DI CONVERSAZIONE 30

    COMBATTI LA TIMIDEZZA 31

CAPITOLO 3. PERSUASIONE 35

    NOZIONI DI BASE SULLA PERSUASIONE 35

    METODI DI PERSUASIONE 35

CAPITOLO 4. INTELLIGENZA SOCIALE E CAPACITÀ DI RELAZIONARSI CON GLI ALTRI IN MODO EFFICIENTE, COSTRUTTIVO E SOCIALMENTE COMPATIBILE 39

    INTELLIGENZA EMOTIVA 40

CAPITOLO 5. SUPERARE LA PAURA E L'ANSIA SOCIALE 62

CAPITOLO 6. TIMIDEZZA 75

    SUGGERIMENTI PER SUPERARE LA TIMIDEZZA 80

CAPITOLO 7. LINGUAGGIO DEL CORPO 83

    APPLICAZIONE PRATICA 86

CAPITOLO 8. MIGLIORARE LE TUE TECNICHE DI CONVERSAZIONE 91

    COME PARLARE CON GLI ESTRANEI CON SICUREZZA 93

CAPITOLO 9. DISCORSO 97

CAPITOLO 10. NAVIGARE IN DIFFICILI SITUAZIONI SOCIALI 102

    L'ACCETTAZIONE TI DÀ LIBERTÀ 105

AVVIARE UNA CONVERSAZIONE DIFFICILE 106
INSIDIE COMUNI CHE POTREMMO INCONTRARE DURANTE UNA CONVERSAZIONE
DIFFICILE 108
PRESTA ATTENZIONE A DOVE SI SVOLGE LA CONVERSAZIONE 109
AVERE UN'IDEA DI COME INIZIARE LA CONVERSAZIONE 109
COSA FARE SE CI SI AVVICINA A UNA SITUAZIONE DIFFICILE 110
COME AVVICINARE IL TUO CAPO CON UNA PREOCCUPAZIONE 110
PARLARE IN MODO CRITICO IN UN FORUM PUBBLICO 111
COME GESTIRE LA PERDITA DI UN COLLABORATORE, COLLEGA O PARI 112

CONCLUSIONI **115**

~

IMPARARE LE ABILITÀ SOCIALI **117**

INTRODUZIONE **119**

CAPITOLO 1. COME CONOSCERE, VALUTARE E MIGLIORARE LE TUE CAPACITÀ PER MIGLIORARE L'AUTOSTIMA **121**
    PERCHÉ È IMPORTANTE MIGLIORARE LA TUA AUTOSTIMA? 121
    MODI PRATICI PER MIGLIORARE LA TUA AUTOSTIMA 122
    SUPERARE LA TIMIDEZZA 125

CAPITOLO 2. COMUNICAZIONE NON VERBALE **129**
    L'IMPORTANZA DEL LINGUAGGIO DEL CORPO 129
    IDENTIFICARE I SEGNALI NON VERBALI DELLE PERSONE ED ESSERE CONSAPEVOLI
    DEI PROPRI 131

CAPITOLO 3. COMUNICAZIONE **139**
    IMPARA COME FARE UN'INTRODUZIONE CORRETTA 139
    SUGGERIMENTI PER AVERE UNA CONVERSAZIONE 141
    CONTINUA LA CONVERSAZIONE ANDANDO OLTRE I CONVENEVOLI 146
    IMPARA COME TRASFORMARE GLI ESTRANEI IN AMICI 148
    IMPARA COME DIVENTARE IL CENTRO DELL'ATTENZIONE 150
    PADRONEGGIA L'ARTE DELLA CONVERSAZIONE 151
    SUGGERIMENTI PER MIGLIORARE LE CONVERSAZIONI 153

CAPITOLO 4. RICONOSCI L'ANSIA SOCIALE E LA TIMIDEZZA **159**
    CONTROLLARE LA PAURA 162

Superare l'ansia sociale 165
CAPITOLO 5. FIDUCIA IN SÉ STESSI E AMORE PER SÉ STESSI 167
Perché la fiducia in sé stessi è importante? 167
CAPITOLO 6. ESERCIZI CHE PUOI FARE PER MIGLIORARE LE TUE ABILITÀ SOCIALI 175
1. Esercizio per costruire un rapporto 175
2. Esercizi per ridurre istantaneamente lo stress 176
3. Lo spostamento focale istantaneo 177
4. Prova una posa potente 178
5. Chiedi a un amico di diventare il tuo partner di carisma 179
6. Usa la musica per tirarti su 179
7. Adotta un "alter ego" 180
8. Rifiuta di consentire un'immagine di sé meno che eccezionale 180
9. Diventa un comunicatore intuitivo 183
10. Lavora sul tuo corpo e ottieni una mente più felice 183
11. Rifiutati di impegnarti in una conversazione negativa 184
12. L'importanza dei confini 184
13. Non vivere per la convalida di altri 185
14. Non aver paura di appassionarti 185
15. Sii fedele a te stesso 185
CAPITOLO 7. IN CHE MODO LE INTERAZIONI SOCIALI POSSONO INFLUIRE SULLA CREAZIONE DI NUOVE AMICIZIE 187
Come essere te stesso 191
CAPITOLO 8. INCONTRO CON LE PERSONE 193
CONCLUSIONI 205

© Copyright 2020 di Ted Goleman - Tutti i diritti riservati.

Il contenuto di questo libro non può essere riprodotto, duplicato o trasmesso senza l'autorizzazione scritta diretta dell'autore o dell'editore.

In nessun caso verrà attribuita alcuna responsabilità o responsabilità legale contro l'editore o l'autore per eventuali danni, riparazioni o perdite monetarie dovute alle informazioni contenute in questo libro, direttamente o indirettamente.

Avviso legale

Questo libro è protetto da copyright. Questo libro è solo per uso personale. Non è possibile modificare, distribuire, vendere, utilizzare, citare o parafrasare qualsiasi parte o il contenuto di questo libro, senza il consenso dell'autore o dell'editore.

Avviso di non responsabilità

Si noti che le informazioni contenute in questo documento sono solo a scopo educativo e di intrattenimento. È stato compiuto ogni sforzo per presentare informazioni accurate, aggiornate e affidabili e complete. Nessuna garanzia di alcun tipo viene dichiarata o implicita. I lettori riconoscono che l'autore non è impegnato nella fornitura di consulenza legale, finanziaria, medica o professionale. Il contenuto di questo libro è stato derivato da varie fonti. Si prega di consultare un professionista autorizzato prima di tentare qualsiasi tecnica descritta in questo libro.

Leggendo questo documento, il lettore conviene che l'autore non è in alcun caso responsabile per eventuali perdite, dirette o indirette, derivanti dall'uso delle informazioni contenute nel presente documento, inclusi, a titolo esemplificativo, errori, omissioni o inesattezze.

Parlare in pubblico

~

Come liberarsi dall'ansia sociale, saper ascoltare e comunicare in modo efficace. Tecniche di conversazione per migliorare la persuasione e capire il linguaggio del corpo.

Ted Goleman

Introduzione

Le interazioni, in generale, sono di natura molto semplice, sebbene complesse individualmente. Ogni interazione si basa su un determinato motivo che può essere espresso attraverso l'interesse. Se una persona ti trova interessante o se hai qualcosa di valore che può essere acquisito attraverso l'interazione sociale, allora l'interazione sociale sarà facile da raggiungere. Queste affermazioni ci portano alla conclusione che devi possedere un certo valore per essere una persona di interesse, qualcuno degno di interazione sociale.

Pertanto, l'obiettivo di questo libro è spiegare come impegnarsi in una conversazione con le persone e migliorare le abilità sociali per raggiungere i tuoi obiettivi. Poiché la conversazione è una forma di comunicazione che può essere considerata un'interazione sociale, allora è molto utile capire quale dovrebbe essere il tuo obiettivo finale.

Le persone si sentono male quando vengono rifiutate o si sentono non gradite da qualcuno o in alcune situazioni. È un sentimento naturale, ma queste situazioni tendono a spaventare le persone e a condurle in un circolo vizioso che si traduce in maggiori rifiuti e fallimenti sociali. Invece, la prima domanda da porsi dovrebbe essere: "Cosa avrei potuto fare meglio in quella situazione per evitare questo risultato indesiderato?" La riflessione obiettiva sulle tue azioni è il modo migliore per raggiungere i tuoi obiettivi a lungo termine.

La crudele realtà della vita è che non possiamo aspettarci di essere accettati semplicemente perché esistiamo. È vero che abbiamo sentimenti e rifiuti che ci fanno sentire male, ma per essere accettati ovunque e da chiunque, devi dimostrare il tuo valore in qualche modo.

Un semplice esempio può essere quello e in cui un uomo si avvicina a una donna con l'intenzione di sedurla, ottenere il suo numero o chiederle un appuntamento. Per raggiungere il suo obiettivo, questo uomo dovrebbe impressionare la donna in qualche modo e creare attrazione e interesse tra di loro. Se fallisce, l'unica persona che dovrebbe incolpare è sé stesso. Non può aspettarsi di avvicinarsi alla donna, spaventarla, chiedere il suo numero nella prima frase e aspettarsi un risultato positivo. Devi presentare un certo valore e devi farlo con successo per aspettarti un risultato positivo in ogni interazione sociale.

Uno degli obiettivi principali di questa guida è fornirti alcuni strumenti che possono aiutarti a presentarti come una persona di valore, per parlare e interagire positivamente.

"Parlare in continuazione non significa comunicare."

Jim Carrey

Capitolo 1. Come parlare con chiunque stabilendo una relazione

Alcune persone si meravigliano di quanto sia facile per altre persone iniziare una conversazione. Altri là fuori sono intimiditi dal solo pensiero di avvicinarsi a uno sconosciuto e iniziare una conversazione. Hai persino rinunciato a fare amicizia poiché non conosci la magia necessaria per mantenerla. Parlare con la folla è un incubo e preferiresti avere sotto di te il terreno che si apre per inghiottirti piuttosto che sopravvivere a centinaia di occhi penetranti tutti diretti verso di te.

Gli esseri umani sono creature sociali. Viviamo, prosperiamo e sopravviviamo attraverso l'interazione con gli altri. Questo spiega perché è fondamentale sapere come comportarci in un ambiente sociale. Inoltre, per interagire e relazionarsi efficacemente con altre persone, è essenziale avere le giuste abilità sociali. Questo è il motivo per cui definiamo le abilità sociali come le abilità che ci aiutano a interagire e comunicare con altre persone. Questa comunicazione e interazione potrebbero essere verbali o non verbali attraverso il linguaggio del corpo e i gesti.

Nel corso degli anni, gli esseri umani hanno sviluppato molti mezzi di comunicazione. Questo spiega perché puoi dire molto con il tuo linguaggio del corpo e l'aspetto personale. Nello studio della comunicazione, il messaggio trasmesso non riguarda solo le parole pronunciate. Il tono della voce, il volume, l'intonazione che utilizziamo e i gesti si aggiungono al messaggio che stiamo cercando di trasmettere. Alcune persone hanno sviluppato un modo migliore di comunicare i propri sentimenti e messaggi con gli altri.

Questo è ciò che riguarda le abilità sociali. Essere consapevoli di come comunichiamo, i messaggi che inviamo e prendere nota di come il nostro metodo di comunicazione influisce sugli altri. Non solo, si tratta di cercare modi per rendere la nostra comunicazione efficace ed efficiente. Le abilità sociali sono come qualsiasi altra abilità, possono essere apprese. Anche se alcune persone nascono con eccellenti capacità sociali, altre possono facilmente svilupparle.

Avere una sana relazione sociale è vitale per la nostra qualità di vita e benessere. C'è molto da guadagnare disponendo di eccellenti capacità sociali e cercando di migliorarle. In effetti, garantire una sana relazione sociale con gli altri è una delle chiavi per gestire la tua salute mentale e prevenire i disturbi psicologici. Avere buone capacità sociali, essendo un eccellente comunicatore, può essere il biglietto vincente per ottenere ciò che desideri facilmente.

Con questo, passiamo alla sezione successiva che spiega perché le abilità sociali sono piuttosto vitali, più di quanto la gente pensi.

Perché le abilità sociali sono più rilevanti di quanto si possa pensare

Hai mai sperimentato il silenzio imbarazzante durante un primo appuntamento?

Potresti aver fatto qualcosa che ha messo a disagio il tuo interlocutore, ad esempio, offrire un Cheeseburger ad un amico che sta cercando di perdere peso, oppure aver fatto una battuta insensibile che ha finito per creare un momento di disagio. Può anche capitare di provare a iniziare una conversazione, per rimanere a corto di cosa dire dopo un paio di minuti!

Se riesci ad immedesimarti in una delle precedenti situazioni, allora sai quanto sono importanti le abilità sociali. La verità, tuttavia, è che questi esempi non raccontano l'intera storia. Scarse abilità sociali ti costeranno più che un momento temporale di imbarazzo.

Scarse abilità sociali ti costeranno

A questo punto è essenziale chiarire alcune cose. Le abilità sociali non sono solo un fattore importante per costruire relazioni, fare amicizia e andare alle feste. Le abilità sociali sono fondamentali in tutti gli aspetti della vita umana. Finché coinvolge le persone, le abilità sociali sono rilevanti.

Immagina che ti capiti questa situazione…a scuola c'era una competizione a quiz e oltre l'intero corpo studentesco c'era anche il pubblico. C'era una domanda a cui nessuno degli studenti riusciva a dare una risposta, così hanno girato la stessa al pubblico. Tutti stavano dando quella che pensavano fosse la risposta corretta, ma nessuno indovinava, perché non avevano capito bene. Avevo la mia risposta, per timidezza, non riuscivo a dirla, ma l'ho detta al mio amico. Il mio amico ha dato la risposta e, sorprendentemente, aveva ragione.

Poiché questa è stata una domanda che ha messo molte persone in difficoltà, il mio amico è stato ricompensato profumatamente.

Ora, immagina come ci si possa sentire. Non solo la timidezza (derivante da scarse abilità sociali) mi ha fatto odiare me stesso, ma mi ha fatto perdere il dono e il riconoscimento. Queste esperienze devono servire a motivare a lavorare per migliorare le proprie capacità sociali.

Le scarse abilità sociali costano alle persone opportunità, promozioni, ecc. Alcune persone, grazie alla loro capacità di prendere l'iniziativa, fanno sentire le persone rilassate e grazie a questo vengono promosse, insomma, hanno colto l'occasione. Altre persone, invece, hanno perso delle opportunità che avrebbero potuto essere il punto di svolta nella loro vita, sempre a causa delle scarse abilità sociali.

La verità è che, non riuscire a gestire il relazionarsi con le persone nel modo giusto, ti farà perdere opportunità. E la cosa peggiore è che potresti non essere consapevole di cosa ti stai perdendo!

Gli estroversi si sforzano persino di mettersi dalla parte della gente

Se hai mai visto un talk show, quando intervistano le celebrità, ti sorprenderai di come abbiano una storia rilevante a sostegno del loro punto di vista. È piuttosto affascinante guardare relatori pubblici e motivanti tenere incollato il pubblico al loro discorso e coinvolto per l'intera durata.

Queste celebrità sembrano molto bravi in ciò che dicono, tutto sembra fluire naturalmente. Tuttavia, ciò che è non sanno molte persone è che ciò che vedi e guardi è il risultato di settimane di preparazione. Questi oratori hanno sviluppato la pratica e raffinato minuziosamente il tutto, prima di essere pronti a confrontarsi con il pubblico.

Non sorprende che i loro discorsi fluiscono in modo regolare e che possano mantenere il pubblico incollato con facilità. Le ore di dedizione e diligenza che hanno investito nella pratica hanno permesso loro di apparire impeccabili e ottenere attenzione da parte del loro pubblico.

Ti incoraggiamo ad adottare questo approccio per migliorare le tue abilità sociali. Non è necessario avere una presentazione o un discorso prima di esercitarsi. Ogni persona altamente sociale lo sa. Inoltre, la pratica può essere semplice come nella conversazione quotidiana.

Facciamo un esempio farà più luce su ciò che viene sottolineato in questa sezione.

Al liceo, Katia era una delle migliori studentesse di allora. Ha fatto domanda per dozzine di borse di studio senza alcun feedback positivo. Katia era davvero brillante, il che era evidente quando superava le prove scritte a pieni voti. Tuttavia, durante i colloqui, non sorrideva mai e non manteneva il contatto visivo. Katia pensava che tutto ciò di cui aveva bisogno fosse la conoscenza delle nozioni dei libri, ma non si rendeva conto che il suo linguaggio del corpo era spento, il che le costava fantastiche opportunità.

Ora che abbiamo gettato le basi per far comprendere che le abilità sociali sono piuttosto vitali, è essenziale far luce sulla rilevanza che ha il cervello per le abilità sociali.

La relazione tra il cervello e le abilità sociali

Fin da tenera età, il nostro subconscio ha sviluppato le giuste capacità per assorbire ogni tipo di informazione. Come un registratore o una videocamera, la nostra mente subconscia non razionalizza ciò che vede, assorbe piuttosto tutti i dati dai sensi attraverso le esperienze. Non analizza alcuna informazione per determinare ciò che è essenziale, pertinente, sensibile e salutare. Comprende tutto ciò che viene fornito e l'impressione che ne deriva. Per esempio, se un bambino piccolo vede suo padre parlare continuamente con sua madre, mancandole di rispetto, ciò potrebbe influenzare il suo rapporto con le donne più avanti nella vita. Non ci sarà da meravigliarsi se questo bambino, in tenera età, picchierà le sue compagne di classe.

Il concetto di parlare di sé

Hai mai notato che ogni giorno c'è sempre una qualche forma di "conversazione" nella mente? Mentre svolgiamo la nostra attività quotidiana, la nostra mente ci nutre costantemente di informazioni che influenzano il nostro output e la reazione alla vita. Di conseguenza, le persone timide, che non riescono ad affrontare le persone, hanno scarsa autostima, mancanza di fiducia, ecc. Sono tutte vittime di discorsi negativi. Questa conversazione interiore mantiene il tuo pensiero pieno di informazioni che suggeriscono che non sei abbastanza intelligente, non sei capace, non sei abbastanza bravo, ecc.

La buona notizia, tuttavia, è che questa deprecabile chiacchierata può essere risolta con altre affermazioni. È un processo graduale e implica l'identificazione di quello che ti stai dicendo per primo. Alcuni esempi di dichiarazioni negative di auto-conversazione sono: non sono abbastanza bravo, le mie idee sono sciocche, non sono così intelligente, sono timido, potrei non essere accettato, le persone non mi piaceranno, ecc.

Un'informazione vitale sulla mente subconscia è che ti darà ciò che riceve ed elabora quotidianamente. Quello che sto cercando di dire è che, se il tuo subconscio ha credenze e conclusioni negative su di te, ne vedrai la riflessione sulla tua vita e sulle tue esperienze. Ecco perché la mente subconscia è così potente nell'aiutarci a migliorare le nostre abilità sociali. Puoi essere padrone di come lavorare sulla tua mente.

Come puoi avere la mente giusta?

Afferrare la tua mente per sistemare i tuoi pensieri non richiede di rivivere alcuni ricordi dolorosi che hanno causato il dialogo interiore negativo. La soluzione che stiamo presentando qui è un'affermazione. Puoi riqualificare la tua mente attraverso affermazioni positive e ripetitive nel tentativo di soffocare i messaggi contrastanti nella tua mente. Qualcuno potrebbe obiettare: come può, il ripetere un'informazione più e più volte alterare la mente subconscia? Il fatto è che questi pensieri negativi sono stati a lungo radicati nella nostra mente, quindi ci vorrà un'azione consapevole per dissolverli.

Forti della conoscenza e delle idee dei molti discorsi negativi che influiscono sulle tue abilità sociali e innesca altri sentimenti di inadeguatezza, hai bisogno dell'affermazione per sostituire tali messaggi. Non si tratta di creare le affermazioni da sole, ma di ripeterle il più possibile, non solo per farle affondare nel tuo subconscio, ma per farle accettare da esso. È un esercizio spietato, per sfidare le credenze a cui la tua mente ha tenuto duro per un bel po'. Tutto ciò che serve per questa affermazione è una chiara identificazione del problema.

Ecco un paio di esempi per rendere l'esercizio abbastanza semplice e diretto:

Parlare negativamente di sé	Affermazione
Le persone non mi accetteranno.	Sono una persona amorevole, attraente e gentile.
Sono poco amabile	Le persone sono attratte da me facilmente.

L'affermazione è potente ed efficace quando è breve e concisa. Inoltre, non è necessario ripeterle ad alta voce, può anche essere ripetuta nella tua mente. Ad esempio, prima di una presentazione, una persona timida può continuare a ripetersi "Ho capito" pochi istanti prima della presentazione. Con questo, si sta configurando automaticamente il cervello per il successo della presentazione.

Il potere dell'immaginazione

È essenziale sottolineare qui che gli esseri umani sono composti di energia e intelligenza. Allo stesso modo, possiamo paragonare i nostri pensieri e la nostra immaginazione a impulsi elettrici provenienti dal cervello. L'immaginazione, che comporta la formazione di immagini nella tua mente, è uno strumento piuttosto potente per aiutarti a cambiare la tua vita.

Ecco perché uno dei mezzi più comuni ed efficaci per alleviare lo stress è la visualizzazione. Coinvolge la persona che crea immagini di un ambiente sicuro, calmo, sereno e pacifico dove lascia andare tutte le preoccupazioni, lo stress e le preoccupazioni. Puoi anche usare questo strumento per migliorare le tue abilità sociali. Ad esempio, puoi immaginare di avvicinarti a uno sconosciuto e iniziare una conversazione, tenere un discorso, chiudere una vendita, costruire un rapporto con il tuo capo, esplorare nuove idee, ecc.

La visualizzazione è piuttosto potente ed efficace. E tieni presente che la chiave sta anche nell'allenare la tua mente.

Il potere dell'emulazione

Infine, in questa sezione, vogliamo far luce su un potente strumento che può aiutarti a modellare le tue abilità sociali, l'emulazione. Questa persona da emulare può essere nelle tue vicinanze, nel negozio di alimentari locale, nel bar più vicino o qualunque luogo tu frequenti, in cui identifichi qualcuno con la giusta abilità sociale che vorresti emulare. Questa dovrebbe essere una persona con carisma, che è sempre vivace.

L'obiettivo qui non è quello di incontrare la persona e diventare un amico o un conoscente. Piuttosto, ciò che stiamo suggerendo è una comprensione di questa persona. In che modo la persona risponde e si relaziona con il mondo esterno? Qual è la sua disposizione con le altre persone? Impiega il potere dell'umorismo per far sentire gli altri a proprio agio?

Ti consigliamo di prendere un pezzo di carta e scrivere tutti i tratti che ammiri di questa persona. Cerchia i tratti che ti aiuteranno a migliorare le tue abilità sociali. Puoi includerlo in un'affermazione per sviluppare ciascuno dei tratti desiderati. Questo è un esempio: sono una persona amabile e alla mano. Sono semplice, generoso e amichevole. Qualunque sia la vita che mi si presenta, vedo l'umorismo in essa. Sono capace e ad altri piace la mia compagnia.

Stabilire obiettivi per migliorare le tue abilità sociali

Come con molte altre abilità, le abilità sociali possono essere migliorate. Puoi fare i passi giusti per sviluppare e aumentare le tue abilità sociali. Avere l'obiettivo giusto è molto vitale per migliorare le tue abilità sociali. Non stiamo parlando di obiettivi generali senza indicazioni specifiche. Crediamo che tu sappia già quali sono i tuoi obiettivi sociali generali. Potrebbero essere di comportarsi meglio con le persone, fare più amicizie, avere una conversazione regolare, ecc. Non deve essere molto specifico, purché cerchi di superare il tuo problema. Devi anche darti alcuni obiettivi di medie dimensioni pensando agli ostacoli che potrebbero impedirti di raggiungerli.

Non solo, ma ti consigliamo anche di guardarti dentro per visualizzarti quando cerchi di raggiungere il tuo obiettivo principale. Ciò ha a che fare con la riflessione sui periodi in cui hai avuto problemi nel raggiungimento di questi obiettivi. In questo caso dovrai chiederti, a che punto è nata la negatività o il pensiero autocritico? Dove hai perso interesse e motivazione?

Ecco un elenco di micro-obiettivi, il cui obiettivo generale è quello di fare più amicizie:

- Devo fare più passeggiate nel parco e incontrare persone.

- Devo sorridere spesso, anche agli estranei.

- I cuccioli sono adorabili, una passeggiata nel parco con un cucciolo può aiutarmi a incontrare persone.

- Devo lavorare per iniziare una conversazione con estranei.

Puoi suddividere ulteriormente questi obiettivi secondari in obiettivi più piccoli. Potresti includere cose specifiche che vuoi fare all'esterno. Quindi, piuttosto che dire che vuoi portare il tuo cane a fare una passeggiata, potresti pensare a spettacoli per cani, un viaggio dal veterinario, ecc. e come questo può adattarsi al tuo programma.

Oltre agli obiettivi associati a un obiettivo più ampio, potresti anche avere un paio di obiettivi isolati su cui puoi lavorare. Ad esempio, potresti voler iniziare a prestare attenzione al tuo aspetto generale poiché può aiutare la tua causa. Puoi anche suddividerlo in obiettivi specifici e secondari che ti daranno un senso di orientamento su cosa fare. Ricorda che l'idea non è di avere un obiettivo perfetto. Piuttosto, si tratta di darti chiarezza sui tuoi problemi e su come affrontarli.

Lavorare con obiettivi specifici

Uno dei passi più importanti da intraprendere per migliorare le tue abilità sociali è mappare i tuoi obiettivi. È, tuttavia, fondamentale stabilire che il modo di affrontare l'obiettivo dipende completamente dall'individuo. Potresti voler impostare un periodo di tempo specifico per lavorare sui tuoi obiettivi. Ad esempio, per i prossimi quattro mesi, potresti avere come obiettivo incontrare e parlare con almeno uno sconosciuto a settimana.

È, tuttavia, importante notare che non molte persone sono tagliate per perseguire il loro obiettivo in modo molto proattivo come l'ultimo esempio. Altri preferiscono un approccio piuttosto informale. Armati della conoscenza di ciò su cui vogliono lavorare, preferiscono farlo quando arrivano le opportunità piuttosto che essere proattivi. Ciò di cui alcune persone hanno bisogno è un obiettivo chiaro e mirato per mantenerli motivati e sulla buona strada. Per gli altri, questa è una pressione inutile che li scoraggia.

Suggerimento standard per l'impostazione degli obiettivi praticabili

Concediti una finestra da due a sei mesi per raggiungere gli obiettivi

L'idea qui non è quella di fissare obiettivi che saranno finiti durante il fine settimana. D'altra parte, l'idea non è neanche quella di fissare obiettivi che ci vorranno anni per essere raggiunti. Se non hai una relazione, ad esempio, un obiettivo come questo non è molto utile: "Voglio passare la mia vita con la donna più bella di quest'isola". Piuttosto, raccomandiamo un obiettivo gestibile che ti aiuterà a breve termine e anche a lavorare insieme per rendere il tuo obiettivo generale una realtà. Quindi, potresti concentrarti sul chiedere alla ragazza che ti sorride, se vuole prendersi una tazza di caffè, per esempio.

Rendi il tuo obiettivo impegnativo ma possibile

Se il tuo obiettivo non ti fa uscire dal tuo comfort, vuol dire che non hai ancora iniziato. Raggiungere il tuo obiettivo dovrebbe farti spingere oltre e probabilmente, anche spaventarti. L'idea non è quella di fissare obiettivi troppo difficili da raggiungere, perché se si fissano obiettivi difficili o troppo ambiziosi, dapprima potresti mantenere alto il livello di adrenalina, ma dopo un po', se non si vedono risultati, potresti sentirti frustrato e incapace.

Evita di concentrarti su troppe cose

Quando pensi a tutte le opportunità che le scarse abilità sociali ti hanno fatto perdere, è facile scoraggiarsi al pensiero di mettere ordine nella tua vita. Tuttavia, devi capire che queste cose richiedono tempo. Migliorare le tue abilità sociali, proprio come qualsiasi altra abilità, è un processo che richiede tempo e impegno. Non puoi combinare molte cose contemporaneamente e aspettarti di raggiungere il successo. Oltre a questo, hai anche bisogno di coraggio e forza di volontà per gestire obiettivi impegnativi. Tieni presente che il miglioramento delle tue abilità sociali ti farà uscire dalla tua zona di comfort. Questo è importante, quindi devi darti degli obiettivi che puoi gestire.

I tuoi obiettivi dovrebbero essere concreti e misurabili

In altre parole, non si tratta solo di stabilire obiettivi. Assicurati di avere compiti specifici che renderanno i tuoi obiettivi raggiungibili. Non solo, dovresti avere un mezzo per tenere traccia dei tuoi progressi. L'esempio seguente mostra esempi di obiettivi di fascia media:

- Paura di incontrare persone: presentarsi ad almeno due persone nuove e fare sempre piani per incontrarsi almeno due volte al mese.

- Sentirsi a disagio con le persone: entro la fine di due mesi, sentirsi a proprio agio a frequentare una riunione e socializzare.

- Paura di affrontare una folla: prima che finisca un mese, sii comodo nel porre domande o esprimere la tua opinione in un contesto di gruppo.

Un'ultima nota, sentiti libero di modificare i tuoi obiettivi mentre cerchi di raggiungerli. Gli obiettivi non sono rigidi e quelli che hai impostato sono essenzialmente una guida per ciò che vuoi fare. Mentre lavori per raggiungere il tuo obiettivo, vedrai la necessità di apportare modifiche man mano che procedi. Qualunque sia l'adattamento, sentiti libero di farlo, purché aiuti la tua causa generale, migliorando le tue abilità sociali. Inoltre, non è una buona idea avere obiettivi come "Voglio essere la persona più gentile della mia strada" o "Voglio che tutti quelli con cui parlo, pensino che sono la persona più interessante di sempre".

D'accordo che potrebbe essere stimolante essere ambiziosi, ma devi procedere a piccoli passi. Di conseguenza, non cadere nella trappola di obiettivi fantasiosi, in quanto potrebbero essere motivanti ed eccitanti, ma tieni presente che se dovrai impiegare troppo tempo per raggiungerli, potrebbe entrare in gioco lo scoraggiamento. Obiettivi eccessivamente ambiziosi e non realistici causano inutili pressioni e c'è una grande possibilità che potresti finire per sentirti un fallimento quando non raggiungerai le tue aspettative…quindi calibra bene i tuoi obiettivi futuri.

Capitolo 2. Abilità interpersonali

Capacità di ascolto

Mentre parlare è un fattore sinonimo di grandi capacità sociali, l'ascolto è altrettanto importante. Quando diventi bravo a parlare con gli altri, devi anche ricordarti di dare loro la stessa possibilità. Il linguaggio è un'enorme forma di espressione e diventi più simpatico quando sei in grado di ascoltare ciò che gli altri hanno da dire. Esistono diversi tipi di ascolto, che probabilmente utilizzerai ogni singolo giorno senza nemmeno accorgertene. Alcune situazioni richiedono solo un orecchio in ascolto in modo che una persona possa sfogarsi con te. Altre volte, la persona vorrà il tuo contributo. Osservando gli spunti sociali che ti vengono dati, dovresti essere in grado di distinguere tra i due.

Il modo migliore per mostrare alle altre persone che presti loro attenzione è attraverso l'ascolto attivo. Dovresti essere in grado di dimostrarlo riconoscendo ciò che l'altra persona sta dicendo, senza avere altre distrazioni. Se tirassi fuori il telefono mentre qualcuno sta cercando di avere una conversazione con te, questo sembrerebbe scortese. Fai del tuo meglio per stabilire un contatto visivo con la persona e non permetterti di appoggiarti alle distrazioni come con una stampella. Anche se essere al telefono potrebbe confortarti, stai inviando il messaggio sbagliato alla persona che stai presumibilmente ascoltando.

Alcune situazioni saranno più casuali. Potresti ascoltare un'amica che parla del suo nuovo cucciolo e, anche se potresti non dover dare una risposta profonda in cambio, le tue capacità di ascolto saranno un'indicazione di quanto ci tieni. Il semplice pensiero dietro queste azioni può salvarti dall'avere incomprensioni. Non importa se stai avendo una conversazione approfondita o stai semplicemente ascoltando qualcuno a cui sei vicino, sii rispettoso fornendo loro la tua totale attenzione. Una volta che avrai preso questa abitudine, noterai che gli altri, in cambio, inizieranno a prestare maggiore attenzione a ciò che hai da dire.

Passivo vs attivo

Approfondendo, è importante conoscere i due principali tipi di ascolto che puoi eseguire: passivo e attivo. Man mano che diventi più informato su entrambi, osserva il modo in cui interagisci con le altre persone. Noterai probabilmente che le tue capacità di ascolto potrebbero migliorare. Questo non significa che stai facendo qualcosa di sbagliato. Notare le tue debolezze ti darà la capacità di migliorare, sia per te stesso che per le persone intorno a te con cui interagisci. È un'opportunità per dare uno sguardo onesto al modo in cui ti presenti agli altri e pensare a come puoi migliorare.

Passivo

Quando ascolti passivamente, stai ascoltando semplicemente le informazioni. Potresti essere molto attento e rispettoso, ma l'ascolto passivo indica che non stai facendo un vero tentativo di contemplare ciò che viene detto dalla prospettiva di chi parla. Un esempio di ciò è l'ascolto delle specialità del giorno in un ristorante, elencate dal cameriere. Potresti essere dell'umore giusto per la pasta, e mentre ascolti le specialità, probabilmente scarterai ogni altro piatto che non sia pasta. Se qualcuno ti chiedesse di ripetere le informazioni, è probabile che non saresti in grado di farlo. C'è una certa disconnessione quando si tratta di ascolto passivo. Anche se non sarà necessariamente distruttivo per la tua interazione, potrebbe ostacolare il modo in cui elabori le informazioni che ti vengono fornite.

Esaminando l'esempio precedente, immagina che il tuo amico fosse in bagno mentre venivano recitati i piatti speciali. Una volta tornato, potrebbe voler sapere quali fossero, se non sei in grado di recitarli è perché ascoltavi solo passivamente. Anche se non lo intendi in questo modo, può sembrare che tu sia egoista quando ascolti solo passivamente. Può diventare rapidamente una cattiva abitudine una volta che inizi ad applicarla ad altre aree della tua vita.

Considera, per esempio, che il tuo amico sta attraversando un momento difficile per decidere quale offerta di lavoro scegliere. Sebbene tu possa ascoltare passivamente le sue difficoltà, probabilmente non sarai in grado di dargli molti input se chiederà la tua opinione. L'ascolto passivo ti consente di ascoltare ciò che viene detto, ma non ti permette di andare molto oltre. Non prendi in considerazione la situazione come se stesse accadendo a te, quindi è probabile che non ti farai opinioni al riguardo. In questo caso, non saresti di grande aiuto al tuo amico, per consigliare quale lavoro scegliere.

Quando accetti ciecamente le opinioni di altre persone come se fosse la tua, questo è un altro esempio di ascolto passivo. Non ti permette di pensare da solo a come ti senti veramente riguardo all'argomento. Invece, ti dà l'idea di qualcun altro e ti induce a pensare che dovresti crederci anche tu. Essere un pensatore indipendente è un'abilità sociale incredibilmente forte da avere. Ti rende anche una persona più interessante con cui parlare. Sebbene tu potresti non aver voglia di avere disaccordi con tutti quelli con cui parli, è importante che ti attenga ai tuoi valori. L'ascolto passivo salta completamente questo passaggio.

Se ti accorgi spesso che ascolti passivamente, probabilmente ti ritroverai gravato da problemi di forza di volontà. Non sentirai il bisogno di difendere ciò che credi sia giusto o sbagliato quando stai semplicemente seguendo il flusso della conversazione. Il giusto equilibrio deve essere trovato qui. Puoi essere gradevole senza essere completamente passivo. Mentre osservi le tue capacità di ascolto, tienilo a mente. Non succede nulla dall'oggi al domani, quindi non permettere a te stesso di sentirti male se ti rendi conto di adottare un approccio passivo. Questa può essere una rete di sicurezza per le persone che lottano con le loro abilità sociali. Proprio come qualsiasi altra abitudine sociale, l'ascolto passivo può essere corretto e modificato in meglio.

Attivo

Quando ascolti attivamente, stai attento a ciò che viene veramente detto. Sebbene non sia sempre necessario avere una risposta a ciò che l'altra persona ti sta dicendo, l'ascolto attivo coinvolge il tuo cervello in modo diverso. Invece di saltare a conclusioni o ritenere di dover essere d'accordo con un'opinione espressa, presta attenzione semplicemente per assorbire ciò che viene detto. Presta attenzione alle parole pronunciate e alla comunicazione non verbale. Osserva la posizione, gli occhi e l'espressione della persona. Questi spunti possono dirti molto su come l'argomento li fa sentire veramente. Per cose particolarmente difficili da esprimere, le parole stesse potrebbero non rappresentare appieno i sentimenti.

Un esempio di questo è quando sai che un amico sta attraversando un momento difficile, ma ti dice che sta bene. Le parole che dice potrebbero far credere che stia bene, ma potresti notare che ha gli occhi lucidi e sfuggenti a causa del peso di ciò che sta attraversando. Essere un ascoltatore attivo ti permetterà di essere lì per i tuoi amici, se vogliono il tuo sostegno. Prestando veramente attenzione ai segnali che vengono dati, una promessa di supporto può essere sufficiente per trasformare l'intera giornata. Se invece si crea una situazione di ascolto passivo, questo potrebbe portare il tuo amico a credere che non ti interessi a lui.

Quando c'è un problema che deve essere risolto, un ascoltatore attivo troverà un modo per offrire una soluzione. Prestando attenzione ai dettagli che vengono espressi, sarà facile trovare idee su come risolvere il problema. Molte persone hanno l'idea sbagliata di non sapere come parlare agli altri, quando in realtà è l'ascolto che devono migliorare. Scoprirai che i punti di discussione diventano più facili quando ascolti attivamente perché ci sono già idee da considerare. Essere inclusi nelle conversazioni in questo modo, può far aumentare molto la tua sicurezza. Più sei in grado di partecipare, più ti sentirai a tuo agio con le tue capacità di ascolto e conversazione.

Quando pratichi l'ascolto attivo, sei in grado di rimanere nella massima forma mentale. Poiché il tuo cervello è completamente impegnato nella conversazione che stai avendo e ti assicuri di esercitare le tue capacità di pensiero critico e la tua empatia. Questo non accade con l'ascolto passivo perché gli standard sono diversi. Rimanendo consapevole e attento alla conversazione, stai diventando parte di un'esperienza ad alto coinvolgimento che ti permetterà di crescere come persona.

La prossima volta che parli con qualcuno, assicurati che le tue capacità di ascolto attivo siano impegnate. Probabilmente scoprirai che puoi identificarti con la persona molto più facilmente, oltre a sapere cosa devi dirgli. Questo ti mette anche nella posizione di considerare nuovi pensieri e idee. Quando ascolti altri punti di vista, spesso puoi trovare l'ispirazione che potresti voler esplorare in futuro. Nel complesso, ci sono innumerevoli vantaggi che sperimenterai come ascoltatore attivo.

Quando qualcuno ti sta parlando, ascolta la conversazione come se avesse qualcosa di prezioso da insegnarti. Ascolta attentamente ciò che stanno dicendo senza esprimere alcun giudizio o suggerimento preventivo e consenti loro di esprimere pienamente i loro pensieri. Se stai cercando una soluzione ad un problema, fai del tuo meglio per cogliere le parole che ti sono state dette e tutti i segnali non verbali, così da trovare una risposta che sia, empatica e comprensiva. Una volta imparato questo, l'ascolto attivo diventerà una cosa naturale per te.

Empatia e comprensione

In poche parole, l'empatia è la capacità di mettersi nei panni di qualcun altro. Questa è un'abilità emotivamente importante da avere perché ti consente di aiutare chi ti circonda. Quando i tuoi amici o i tuoi cari vengono da te per un consiglio, sarai in grado di considerare la loro esperienza e capire cosa stanno attraversando. L'empatia avvicina le persone, ti connette senza avere molto da dire. Mentre lavori per migliorare le tue abilità sociali, l'empatia è sicuramente una priorità.

Ci sono diversi tipi di empatia da considerare. Alcuni provengono da sentimenti naturali che hai già, mentre altri sono innescati perché l'altra persona dice o fa qualcosa. È affascinante dare un'occhiata più da vicino a ciò che consente questa comprensione. In questo modo, puoi effettivamente imparare molto su te stesso. Di seguito elenchiamo alcune delle forme più comuni di empatia che sperimenterai:

1. Affettivo: questo tipo di empatia ruota attorno all'idea che puoi capire qualcuno perché puoi capire le sue emozioni. Ad esempio, se il tuo amico sta attraversando una rottura e inizia a piangere perché gli mancala sua ex partner, probabilmente sarai in grado di identificarti

con questa emozione. Quando hai questo tipo di comprensione, sei in grado di affrontare la situazione.

Quello di cui devi stare attento è che non devi essere troppo emotivamente coinvolto nella situazione dell'altra persona. Questo potrebbe portarti a sviluppare sentimenti di angoscia personale. Quando affrontiamo le cose nella vita, diventa più facile identificarci emotivamente con gli altri che stanno vivendo le stesse cose che abbiamo vissuto noi. È necessario un attento equilibrio per assicurarti di aiutare l'altra persona, senza ferirti nel processo.

2. Cognitivo: questo tipo di empatia si fa sentire mentalmente, ma non emotivamente. È la capacità di permetterti di pensare nel modo in cui pensa questa persona, senza metterti nel loro stato emotivo. Sebbene sia ancora una forma di empatia, è diversa dall'empatia affettiva perché stai semplicemente fuori dalla situazione.

Questo può essere un ottimo punto di partenza per mettere in pratica le tue abilità empatiche. Quando puoi ascoltare qualcuno esprimere un problema e riuscire a trovare alcune soluzioni basate sul modo in cui stanno pensando, è un'abilità di cui essere orgogliosi. Sarai anche più protetto perché non sei coinvolto emotivamente. Fai attenzione a non sembrare freddo quando esprimi empatia cognitiva. Il tuo comportamento sarà frainteso se non incorpori un po' di calore nel parlare o nel tuo atteggiamento.

3. Somatico: questa è una forma unica di empatia perché è fisica. Questo accade quando puoi identificarti con qualcuno così fortemente che il tuo corpo ha una sorta di reazione fisica. Questo può accadere sotto forma di mal di stomaco, ad esempio. Se hai mai sentito parlare di cattive notizie, è probabile che tu l'abbia sentito alla bocca dello stomaco. Questa è una reazione somatica. Non deve essere sempre una risposta negativa. Puoi anche provare felicità fisicamente. L'empatia somatica è una forma molto forte di empatia che è una grande abilità da avere.

Di tutte e tre le forme, questa può diventare la più fastidiosa, se ti permetti di sentire troppa negatività in una volta. I sentimenti di tristezza, paura e imbarazzo hanno la capacità di appesantirti, anche se non sono direttamente correlati a te. Sappi che non c'è niente di sbagliato in te o nel modo in cui agisci, sei semplicemente in sintonia con il tuo lato empatico quando puoi provare fisicamente questi sentimenti.

Che tu abbia provato queste forme di empatia o nessuna, c'è spazio per migliorare le tue abilità. Quando sarai in grado di mostrare empatia, diventerai un ascoltatore migliore. Indipendentemente dal tipo di conversazione che stai avendo, dovresti sempre mirare a usare le tue capacità di ascolto attivo. Questo diventa molto più facile se combinato con l'empatia, perché sarai in grado di ascoltare e formare le tue opinioni molto più rapidamente. Sulla base delle informazioni che ti vengono fornite e della tua percezione di ciò che dovrebbe essere fatto, i tuoi suggerimenti saranno pieni di preziosi consigli.

Non dovrai preoccuparti del modo in cui interagisci con gli altri. Esiste un malinteso generale secondo cui le persone che hanno abilità sociali, sanno sempre la cosa giusta da dire. Non è vero! Coloro che sono estremamente socievoli potrebbero sempre avere qualcosa da dire, ma non vi è alcuna garanzia che sarà giusta o detta col cuore. Mostrando empatia e ascolto attivo alle persone con cui parli, offri molte qualità preziose, le persone se ne accorgeranno e vorranno starti più vicino. Tutto inizia dai primissimi passi e dal modo in cui ti presenti agli altri in una conversazione.

Anche se hai queste capacità, ma non sei sicuro di cosa dire in una conversazione, non sentirti in dovere di riempire ogni singolo silenzio. Non tutto il silenzio è scomodo. In effetti, può servire a uno scopo riflessivo, parla solo quando senti di avere qualcosa di rilevante da dire. Ciò eviterà incomprensioni o argomenti di riempimento che non gioveranno effettivamente all'interazione. È molto più desiderabile dire ciò che senti veramente di ciò che credi che l'altra persona voglia sentire. Questo è un approccio onorevole che deve essere apprezzato.

La tua empatia e comprensione dovrebbero essere utilizzate, anche quando parli con qualcuno che non ti piace particolarmente o con cui non ti identifichi. Queste abilità possono effettivamente aiutarti a formare un legame migliore a volte. Ricorda che l'empatia non significa che devi essere d'accordo con l'altra persona e la sua situazione. È semplicemente un modo per dimostrare che stai ascoltando la loro esperienza per quello che è realmente, senza applicare il tuo giudizio. Quando ti metti nei loro panni, potresti realizzare che in realtà non sei molto diverso. Siamo individui diversi e formeremo opinioni diverse, ma ciò non significa che non possiamo andare d'accordo o essere amici.

La prossima volta che intraprendi una conversazione, osserva il tipo di empatia che hai attualmente. In questo modo, saprai su cosa devi lavorare per diventare un conversatore più completo. La comunicazione richiede lavoro, ma non deve essere difficile. Probabilmente apprezzerai tutte le nuove cose che scoprirai su te stesso durante il processo. Nessuna singola persona dovrebbe essere capace di influenzarti per farti sentire che devi cambiare chi sei. Invece, puoi lavorare con le capacità di ascolto che hai e pensare ai modi in cui potrai migliorarle.

Capacità di conversazione

La difficoltà più grande, per chiunque stia cercando di migliorare le proprie abilità sociali, deriva dal non sapere come tenere una conversazione. Ci sono così tanti fattori coinvolti che hanno la capacità di intimidirti. Quando ti senti intimidito nella conversazione, non sarai in grado di mostrare all'altra persona le parti migliori di te. Invece, ti nasconderai probabilmente dietro un meccanismo di difesa. In questo capitolo, imparerai i modi in cui puoi avventurarti comodamente fuori dalla tua zona di comfort e sentirti bene con le conversazioni che affronterai.

Parlare con altre persone può essere spaventoso. Quando non sei sicuro di cosa diranno o di come reagiranno, questa cosa può farti diventare nervoso. Ci concentreremo su come superare questo nervosismo e consentire a te stesso di comunicare in modo efficace. Lavorando sulla tua timidezza e facendo cose che ti permetteranno di aumentare il tuo carisma, vedrai che potrai diventare bravo a conversare. Che tu conosca già la persona o che tu stia parlando con uno sconosciuto, la sicurezza che sentirai sarà sufficiente per farti superare qualsiasi conversazione.

Combatti la timidezza

Se ti trovi in una situazione in cui senti di doverti allontanare da ciò che sta accadendo, probabilmente stai sperimentando un certo grado di timidezza. Molte persone lo sperimentano, solo in America, per esempio, ci sono circa 17 milioni di persone che si sentono in questo modo. Sapere che non sei il solo ad avere questo problema può aiutarti a superarlo. Incorporando queste strategie nelle tue capacità di conversazione, troverai il modo di superare la tua timidezza e divertirti a parlare con altre persone.

- Agisci con sicurezza: che tu sia in grado di sentirla o meno, è sempre bello agire con più sicurezza di quanto pensi. In questo modo, ti rafforzerai e mostrerai alle altre persone che hai tanta fiducia in te. Anche se la tua voce trema quando parli, immagina di essere una persona interessante e carismatica con molto da dire, dopo un po' di tempo, inizierai a credere questo su te stesso. Il modo in cui parli a te stesso ha un enorme impatto sul modo in cui sei in grado di parlare con altre persone.

- Partecipa: quando ci sono conversazioni di cui puoi diventare parte, fai del tuo meglio per partecipare. Anche se non hai nulla di nuovo da dire, puoi comunque commentare ciò che dicono gli altri. Se ti piace qualcosa che viene detto, esprimilo. Una semplice osservazione gradevole è ottima per aumentare le tue capacità di conversazione. Più lo fai, più ti sentirai a tuo agio nel contribuire con cose nuove alla conversazione. Non sopraffarti e non credere che ci siano standard a cui devi aderire. Il tuo livello di comfort è la tua unica priorità.

- Prova cose nuove: è uno dei modi più comuni per lavorare sulla tua timidezza, ma è uno dei più efficaci. Provare cose nuove ti permetterà di uscire dalla tua zona di comfort. Se sei stanco di sentirti in un certo modo, allora sai che qualcosa deve essere cambiato per sentirsi diversamente. Esci dalla tua routine e prova qualcosa che ti ha sempre interessato. È semplicemente così che potrai fare nuove esperienze e magari trovare nuovi interessi.

- Parla: il volume che usi per parlare dice molto su come stai partecipando a una conversazione. Può essere difficile, ma è importante che parli chiaramente e ad alta voce in modo che gli altri possano sentirti, anche se l'ultima cosa che una persona timida vorrebbe è più attenzione su se stessa in un contesto sociale. Se parli troppo piano, ti verrà chiesto di ripetere, invece con un volume ragionevole e un tono costante, farai del tuo meglio per partecipare a una conversazione. Ciò implica anche il fatto che sei fiducioso e sicuro di te stesso.

- Abbraccia la vulnerabilità: essere vulnerabile non è una brutta cosa. È un'emozione umana naturale che molte persone provano. Impara ad abbracciare questa sensazione e ad accettarla. Anche se quando provi a sfidare questa sensazione, può farti sentire male con te stesso come se non fossi abbastanza bravo, non preoccuparti della quantità di vulnerabilità che hai dentro o della frequenza con cui la esprimi. Qualsiasi livello di espressione è normale e valido. La vulnerabilità può effettivamente essere una grande qualità da avere. Normalmente mostra che una persona è empatica e comprensiva.

- Sii consapevole del tuo linguaggio del corpo: come sai, la comunicazione è fatta più che solo verbalmente. La tua postura può anche essere un ottimo indicatore di come ti senti. Proprio come devi imparare a decifrare il linguaggio del corpo degli altri, devi essere consapevole del tuo. Sentiti sicuro di te e affronta la persona con cui stai parlando, evita di piegarti e tieni le spalle indietro e comode. Mantieni una posizione rilassata e sicura. Tieni le mani libere da qualsiasi agitazione se puoi evitarlo. Questo ti manterrà con i piedi per terra e mostrerà che sei interessato alla conversazione.

- Pratica la consapevolezza: essere consapevoli significa che stai prendendo in considerazione gli altri. Quando ascolti ciò che viene detto e consideri da dove viene la persona, potresti essere in grado di identificarti meglio con lei. Rimanendo consapevole del modo in cui scorre la conversazione, probabilmente troverai più facile aprirti agli altri. Invece di pensare a tutti i modi in cui non ti identifichi con qualcuno, concentrati sui semplici punti in comune che hai. Può trattarsi di qualsiasi cosa, dal vivere nello stesso quartiere all'essere nati nella stessa epoca. Non sei così diverso dalle altre persone come potresti pensare.

La tua timidezza non deve definirti. I tratti che possiedi vanno oltre il fatto che potresti sentirti un po' timido nelle situazioni sociali. Non perdere di vista queste grandi qualità che hai. Diventa facile concentrarsi solo su ciò che vedi come i tuoi difetti, ma queste non sono le uniche cose che ti rendono quello che sei. Sappi che sei una persona completa con emozioni valide e idee interessanti. Le persone si divertiranno a parlare con te, a patto che tu dia loro l'opportunità di farlo.

Lavora su te stesso mentre lavori per uscire dalla tua zona di comfort. Accetta chi sei credendo che le altre persone vedranno le stesse grandi qualità che puoi vedere tu. Ogni singola persona ha qualcosa di cui è insicura, quindi sappi che non sei solo nella tua lotta. La maggior parte delle volte, le persone sono troppo occupate a pensare ai propri difetti che a prestare attenzione ai tuoi.

"Siamo chiunque e non siamo nessuno e io sono sicuro soltanto del fatto che sono insicuro."

Anastasio

Capitolo 3. Persuasione

Nozioni di base sulla persuasione

La persuasione è far sì che le persone seguano la tua idea o ti sostengano nel fare qualcosa. Ciò accade in interazioni organizzate come riunioni di lavoro, colloqui di lavoro e interazioni sociali quotidiane. Affinché la persuasione sia efficace, l'individuo che utilizza questo metodo deve conoscere alcune nozioni di base.

Il tema della persuasione è molto importante in quanto determina lo sforzo e le tattiche utilizzate. Se l'argomento è troppo complesso per il pubblico, potrebbe non essere facile convincerlo e quindi tutti gli sforzi disponibili che sembrano efficaci devono essere impiegati per convincerlo. L'argomento potrebbe anche essere troppo complesso per te come persuasore e, quindi, chiedere aiuto agli esperti può essere utile. Potrebbe non suonare bene quando dai informazioni sbagliate su qualcosa e ti aspetti che le persone ti credano.

Anche l'età e il livello di istruzione delle persone con cui parli è un aspetto importante da tenere a mente. Questo aiuta a scegliere la lingua e l'approccio da usare per persuaderli, il metodo usato per persuadere i bambini non è lo stesso di quello per persuadere gli adulti o gli studenti all'università. Oppure, gli esperti di salute non possono essere persuasi usando lo stesso linguaggio per persuadere le madri che hanno poca conoscenza nel campo della salute.

Devono essere considerati strumenti di persuasione che includono fatti e sussidi come i video e la loro accessibilità, non puoi usare qualcosa che non hai, quindi, quando ti prepari per la persuasione tienilo sempre a mente.

Metodi di persuasione

Reciprocità

La società opera in base al principio che io ti restituisco ciò che mi hai dato. Questo può essere attuato sotto forma di comportamento, favore o anche qualcosa di fisico. Ad esempio, se ti ho aiutato quando avevi bisogno, quando avrò bisogno di aiuto aiuterai anche me. Questo perché, dopo che ti aiuto, diventi obbligato ad aiutarmi in un secondo momento quando ne avrò bisogno. Questo metodo di persuasione funziona perché i gruppi nella società che utilizza il principio di reciprocità sono sempre competitivi rispetto ai gruppi che non lo utilizzano. I membri di un tale gruppo distribuiranno volentieri risorse perché sanno che si tratta di un credito che verrà rimborsato quando sarà il momento. Pertanto, quando persuadi le persone, padroneggia l'abilità di condividere o scambiare favori con coloro che intendi persuadere e creerai una partnership che ti consentirà di ottenere ciò che desideri da loro.

Uso della scarsità

Secondo la ricerca, il merito di qualcosa non ha importanza a meno che non venga inserito in un contesto in cui è richiesto. In poche parole, le persone avranno sempre bisogno di ciò che non possono ottenere in quel momento. Quando hai un'idea e ciò che offri alle persone è qualcosa che possono facilmente ottenere da qualche altra parte, è probabile che non la ascoltino e non la prendano in considerazione. Pertanto, affinché una persuasione sia efficace nell'uso di questo metodo, dovrebbe presentare argomenti che hanno molti vantaggi per far capire all'altra parte che la tua idea è quella che merita di più. E' importante sapere che a volte le persone sono più interessate a ciò che potrebbero perdere, piuttosto che a quello che potrebbero guadagnare, pertanto, è importante far capire loro quello che più gli interessa, per persuaderli.

L'uso dell'autorità

La maggior parte delle persone si fida delle informazioni fornite da esperti o da persone potenti, se proviene dagli esperti, allora è vero. Questo può creare difficoltà, perché non è sempre possibile far parlare un medico di problemi di salute o un avvocato di questioni legali, ma puoi sempre includerli nella tua conversazione per assicurare alle persone che ciò che stai dicendo loro è approvato da esperti. Se ciò non è possibile, puoi utilizzare terminologie del campo del tuo argomento e citare frasi o parole pronunciate da esperti del settore per dare "autorità" alle tue informazioni.

Uso della coerenza

La persuasione a volte è un processo che deve coinvolgere le persone, a tal punto che dovranno avere la sensazione che non possono tornare indietro. Il persuasore può usare un linguaggio come, ora possiamo contare su di te, giusto? La persona accetta la dichiarazione e lo stato successivo viene accolto favorevolmente per la discussione. Il fatto che siano stati d'accordo nella fase precedente li spinge ad accettare ciò che viene chiesto loro indipendentemente da ciò che provano in quella fase.

Uso del Mi piace

Le persone accetteranno sempre di seguire le persone che amano, i persuasori infatti conoscono bene questo comportamento e lo usano principalmente a loro vantaggio. Per esempio, la maggior parte delle pubblicità sono fatte da celebrità famose e simili, perché è risaputo che se la persona piace, il consumatore tenderà ad apprezzare il prodotto associato a quella personalità. Il pensiero del pubblico è che utilizzando il prodotto, farà parte della persona che pubblicizza il prodotto stesso. La stessa idea può essere utilizzata per supportare grandi idee e programmi.

L'uso del consenso

Il metodo del consenso utilizza l'idea che se porti più persone dalla tua parte, c'è la possibilità che gli altri ti seguano. Questo metodo è utilizzato principalmente nelle discussioni parlamentari, l'idea che è sostenuta da molte persone è avallata e si presume che sia una decisione presa da tutti i membri del parlamento. I persuasori sanno che se mettono molte persone dalla loro parte, non importa con quale mezzo, la loro idea sarebbe facilmente considerata accettabile da tutti e approvata.

La scelta del metodo dipende da molte cose, come le caratteristiche del pubblico, l'argomento di cui stai parlando, quanta conoscenza hai sull'argomento. Diversi metodi possono essere utilizzati anche in una situazione, per esempio, quando i politici convincono le persone, possono usare la reciprocità e la coerenza per consentire alle persone di essere d'accordo con la loro idea e seguirli. Il metodo più utilizzato per i bambini piccoli è l'uso del metodo del gradimento, producendo dolci e confezionandoli con un packaging con i loro migliori cartoni animati, sarai sicuro che costringeranno i loro genitori a comprare i dolci.

Capitolo 4. Intelligenza sociale e capacità di relazionarsi con gli altri in modo efficiente, costruttivo e socialmente compatibile

Gli scienziati nel tempo sono giunti alla conclusione che, nonostante le scoperte precedenti, noi umani non abbiamo uno, ma molteplici insiemi di intelligenza unicamente diversi.

La maggior parte degli scienziati concorda sul fatto che abbiamo le seguenti serie principali di intelligenza:

1. Intelligenza metallica

2. Intelligenza emotiva

3. Intelligenza sociale

Anche se non universalmente concordati, ci sono altri che aggiungono i seguenti set extra di intelligenza:

1. Intelligenza psicologica

2. Intelligenza spirituale

È opinione comune che, a parte l'intelligenza generale tradizionalmente nota come intelligenza mentale, l'intelligenza emotiva sia la seconda intelligenza più importante, se non la prima.

Sì, c'è una scuola di pensiero scientifica che afferma che l'intelligenza emotiva è superiore all'intelligenza mentale. Strettamente correlata all'intelligenza emotiva è l'intelligenza sociale e il confine tra loro è difficile da definire. Alcuni scienziati affermano che l'intelligenza sociale è un sottodominio dell'intelligenza emotiva mentre altri affermano l'esatto opposto.

Tuttavia, alcuni considerano l'intelligenza emotiva e l'intelligenza sociale come due intelligenze distinte ma reciprocamente interdipendenti. Queste diverse prospettive sottolineano semplicemente il fatto che questi due tipi di intelligenze devono ancora essere studiate a fondo e ben stabilite.

Tuttavia, senza soffermarsi ulteriormente sulla disputa per determinare quale di queste intelligenze sia l'intelligenza superiore o il confine tra loro, il nostro scopo è svelare cosa sono l'intelligenza emotiva e l'intelligenza sociale in modo che ognuno ne tragga le proprie deduzioni personali. Ciò che è chiaro è che il QI non è l'unica o accurata misura di tutte le forme di intelligenza umana.

Per semplicità e comodità della nostra discussione, considereremo l'intelligenza sociale come un sottoinsieme dell'intelligenza emotiva, anche se, come già detto, ci sono forti convinzioni a considerarla il contrario.

Intelligenza emotiva

Allora, cos'è l'intelligenza emotiva?

L'intelligenza emotiva si riferisce alla capacità di riconoscere le proprie emozioni e quelle degli altri, differenziare i sentimenti ed etichettarli di conseguenza per poi utilizzare queste informazioni al fine di guidare il pensiero, le parole e le azioni in modo tale da raggiungere i propri obiettivi.

Come altri costrutti scientifici, l'intelligenza emotiva ha i suoi vari modelli che supportano il suo regno. Tuttavia, i tre modelli più importanti sono;

1. Modello di abilità

2. Modello misto

3. Modello dei tratti

Di questi tre modelli, il modello che ha ottenuto il maggior consenso dalla comunità scientifica è il modello misto, quindi ci soffermeremo maggiormente su questo.

Perché i modelli?

Scientificamente, qualsiasi costrutto deve essere verificabile e misurabile. I modelli aiutano a far progredire la testabilità e la misurabilità. Ciò che non è verificabile e misurabile manca di dimensione scientifica e quindi non può essere concluso efficacemente. Nel modello misto si afferma che l'intelligenza emotiva ha 5 componenti e in questo libro, faremo riferimento a loro.

Le 5 componenti dell'intelligenza emotiva

Le 5 componenti chiave dell'intelligenza emotiva sono:

1. Consapevolezza di sé

2. Autodisciplina

3. La motivazione

4. Empatia

5. Abilità sociali

Consapevolezza di sé

Si riferisce all'essere consapevoli delle proprie emozioni e possiamo individuare tre fasi:

- Riconoscimento: si riferisce al riconoscimento delle proprie emozioni e del loro impatto.

- Valutazione: si tratta di conoscere i propri punti di forza e di debolezza.

- Garanzia: questo è un forte senso dell'autostima e delle capacità, è la fiducia in sé stessi.

Autodisciplina (autogestione)

Questo si riferisce alla gestione dei propri stati interni, impulsi e risorse. Comprende dei passaggi critici:

- Controllo: implica l'essere responsabili degli impulsi dirompenti e dei loro effetti angoscianti come ansia e rabbia.

- Integrità: implica il mantenimento dell'onestà.

- Coscienziosità: implica prendere decisioni consapevoli, informate e prive di impulsi, con l'assunzione della responsabilità delle decisioni prese.

- Adattabilità: è la capacità di adattarsi alle mutevoli circostanze.

- Innovazione: si riferisce all'apertura a nuove idee e informazioni, e al conseguente adeguamento.

Motivazione (autogestione)

- Iniziativa: questa è la prontezza a cogliere nuove opportunità.

- Guida: questa è l'energia per spingersi al raggiungimento dei propri obiettivi.

- Ottimismo: rimanere positivi nonostante le battute d'arresto.

- Impegno: essere disciplinato e concentrato verso il raggiungimento degli obiettivi prefissati

Empatia (consapevolezza sociale)

L'empatia si riferisce a uno stato di consapevolezza dei sentimenti, dei bisogni e delle preoccupazioni delle altre persone. Ha le seguenti dimensioni chiave:

- Consapevolezza politica: leggere le dinamiche emotive e di potere di un gruppo.

- Capire gli altri: essere consapevoli dei sentimenti e delle prospettive delle altre persone e interessarsi attivamente alle loro preoccupazioni.

- Sfruttare la diversità: si riferisce alla coltivazione di opportunità attraverso i diversi tipi di persone. Cioè, prendendo la somma totale delle loro differenze.

- Sviluppare gli altri: consentire agli altri di realizzare le loro più alte aspirazioni.

- Servire gli altri: aiutare gli altri a soddisfare i loro bisogni.

Abilità sociali (abilità relazionali)

Queste si riferiscono all'essere abili nell'indurre negli altri risposte desiderabili. Implica:

- Comunicazione: ascolto attento. Essere in grado di rilevare segnali verbali e non verbali di emozioni negative, a maggior ragione rabbia e paura, giudicare l'affidabilità degli altri ed essere in grado di inviare risposte convincenti.

- Costruire legami: coltivare legami costruttivi.

- Collaborazione e cooperazione (capacità del team): lavorare con gli altri in modo sinergico per raggiungere obiettivi condivisi.

- Influenza: avere potere persuasivo per ottenere la risposta desiderata dagli altri.

- Catalizzatore del cambiamento: essere in grado di innescare o gestire il cambiamento.

- Leadership: ottimizzare la miscela delle suddette abilità sociali per raggiungere la visione prefissata (missione e obiettivi).

Raggruppamento funzionale

Il raggruppamento funzionale ti aiuta a identificare facilmente questi 5 componenti in base alle loro funzioni:

Esistono due modi per eseguire il raggruppamento funzionale:

- Riconoscimento -vs- regolamentazione

- Intrapersonale -vs- interpersonale

Riconoscimento -vs- regolamentazione

1. Riconoscimento
   - Autocoscienza
   - Consapevolezza sociale

2. Regolamento
   - Autogestione (autoregolamentazione e motivazione)
   - Gestione delle relazioni (abilità sociali)

Intrapersonale -vs- Interpersonale

1. Intelligenza intrapersonale
   - Autocoscienza
   - Autogestione
   - Auto motivazione

2. Intelligenza interpersonale
   - Consapevolezza sociale
   - Competenza sociale

Le quattro fasi delle emozioni

Le emozioni avvengono in fasi, le quattro principali sono le seguenti:

- Percepire le emozioni: questa è la prima fase in cui il segnale emotivo viene ricevuto e convertito in una forma interpretabile.

- Ragionare con le emozioni: questa è la seconda fase in cui l'emozione percepita viene sintetizzata (interrogata e pensata).

- Comprensione delle emozioni: questa è la fase in cui il significato viene derivato dalle informazioni emotive sintetizzate.

- Gestione delle emozioni: questa fase implica la risposta e il controllo. In questa fase il feedback viene fornito in modo tale da raggiungere un determinato obiettivo.

Perché è importante avere l'intelligenza emotiva ?

L'intelligenza emotiva è importante in tutte le sfere della nostra vita. Ne abbiamo bisogno per progredire nella carriera, per avere famiglie serene e avere relazioni durature.

L'importanza dell'EQ (emotional quotient = quoziente emozionale) può essere vista nelle seguenti situazioni:

- Sopravvivenza: le persone con un EQ alto si trovano a vivere una vita più lunga e più felice di quelle con un EQ basso. Ciò accade principalmente perché sono meno suscettibili allo stress e più adattabili alle mutevoli circostanze

- Processo decisionale: il processo decisionale dipende per il 50% dal QI e per il 50% dall'EQ. Pertanto, se due persone con lo stesso livello di QI prendono decisioni, quella con un livello di EQ più alto ha maggiori probabilità di prendere decisioni migliori rispetto a quella con un EQ più basso.

- Definizione dei confini: l'impostazione dei confini è importante nella tua vita privata proprio come lo è nella tua vita pubblica. Si dice comunemente che le persone che non fissano limiti di confine diventano zerbini per gli altri per asciugarsi le scarpe. Questo è vero. Le persone con un EQ più elevato sono in grado di stabilire i limiti con chi interagiscono... perché, quando e in che misura. Anche le persone con un QI elevato stabiliscono dei limiti, ma spesso sono rigidi o talvolta scelgono di evitare piuttosto che definire i confini. La definizione dei confini è uno dei meccanismi che consentono di filtrare ciò che non è necessario e di abbracciare ciò che lo è. Non si tratta necessariamente di tenere a bada qualcuno, ma piuttosto di scegliere quello a cui permetterai di influenzarti. Quindi, i confini sono più emotivi piuttosto che fisici. Questo è il motivo per cui le persone con un EQ elevato hanno reti ampie e diversificate. Non si limitano a definire i confini con qualcuno, ma filtrano emotivamente ciò che è necessario e filtrano ciò che non lo è. Semplicemente non si agitano perché qualcuno ha detto qualcosa di spiacevole o interrompe la relazione con una persona del genere su questa base, ma non permettono che quell'espressione spiacevole li influenzi.

• Comunicazione: gli esperti di comunicazione affermano che la comunicazione è per il 70% data dal linguaggio del corpo. Quando parli, l'impatto maggiore del tuo discorso non è tanto quello che dici, ma come lo dici. Ovviamente il discorso non deve sacrificare la sostanza. Per esempio, una persona può fare un discorso da un determinato copione e il pubblico magari rimane semplicemente in silenzio e annoiato (cambio di ascolto). Un'altra persona può fare un discorso dallo stesso copione e il pubblico si commuove fino alle lacrime, o ride, o applaude e alla fine riceve una standing ovation. La differenza non è la sostanza (ciò che viene detto) poiché il copione è lo stesso. La differenza sta nel modo in cui viene detto (il linguaggio del corpo). I più grandi oratori sono maestri del linguaggio del corpo.

• Unità: le persone con un EQ più elevato sono note per padroneggiare facilmente le correnti politiche sottostanti del gruppo e quindi sfruttarle per riunire i membri del gruppo. Essendo empatici e compassionevoli, sono in grado di consentire a ciascun membro del gruppo di sentirsi considerato e curato. Questo aiuta a risolvere i conflitti e ad incollare il gruppo, favorendo così l'unità.

Quali sono i segni di una scarsa intelligenza emotiva?

È stimolante conoscere l'importanza di un'intelligenza emotiva elevata. Tuttavia, se non possiamo renderci conto di noi stessi per sapere se abbiamo un'intelligenza emotiva alta o bassa, non possiamo migliorare noi stessi.

Pertanto, è importante essere in grado di osservare segnali indicativi che possono informarci sul fatto che noi o le persone con cui ci relazioniamo abbiamo una scarsa intelligenza emotiva. Ciò aiuterebbe ad evitare conseguenze inutili.

I seguenti "segni" indicando scarsa intelligenza emotiva:

1. Essere coinvolti in molte discussioni.

2. Non capire i sentimenti degli altri.

3. Pensare che gli altri siano troppo insensibili.

4. Bloccarti mentalmente dal punto di vista degli altri.

5. Incolpare gli altri per i propri errori.

6. Incapacità di far fronte a situazioni cariche di emozioni.

7. Scoppi emotivi.

8. Difficoltà a mantenere l'amicizia.

9. Esprimere emozioni inappropriate.

10. Tono non adattivo ai cambiamenti nelle situazioni emotive.

11. Banalizzare le espressioni emotive.

12. Essere stressati facilmente da piccole difficoltà.

13. Mancanza di assertività.

14. Vocabolario emotivo limitato.

15. Rapido nel formulare ipotesi e rigido nel difenderle.

16. Portare rancore.

17. Non essere in grado di riconoscere i propri trigger emotivi.

18. Sentirsi spesso fraintesi.

19. Offendersi facilmente.

20. Incolpare gli altri per come ci fanno sentire.

Non arrabbiarsi anche quando la situazione lo richiede, non significa necessariamente che si perde, eventualmente, il controllo.

L'intelligenza emotiva ha tre livelli:

- Sensibilità emotiva
- Maturità emotiva
- Competenza emotiva

La sensibilità emotiva si riferisce a:

- Essere in grado di comunicare efficacemente le proprie emozioni
- Comprensione dei limiti dell'eccitazione emotiva
- Essere consapevoli dei bisogni interpersonali
- La compassione

La maturità emotiva si riferisce a:

- Essere consapevoli di sé
- Elevare il bene negli altri
- Superare le voglie di soddisfazione istantanea
- Essere flessibili e adattabili alle mutevoli circostanze

La competenza emotiva si riferisce a:

- Avere il controllo dei propri impulsi emotivi
- Elevati livelli di fiducia in se stessi
- Avere il controllo del proprio ego
- Superare i problemi di inferiorità

Caratteristiche della persona con EI alta:

- Esprime liberamente i propri sentimenti
- Non si fa sopraffare da emozioni negativamente impulsive
- Trova un equilibrio ottimale tra logica, ragione e realtà
- Indipendente, autonomo e autosufficiente
- Ha un riguardo positivo per i sentimenti delle altre persone
- Sa quando ascoltare e quando parlare
- Emotivamente resiliente
- Non immobilizzato dalla paura
- Non motivato da ricchezza, fama, potere, status o approvazione

Caratteristiche della persona con EI basso (supplementare):

- Manca di empatia e compassione
- Manca di capacità di comunicazione emotiva, ad es. cattivo ascoltatore, interrompe la conversazione, veloce a invalidare, non riesce a percepire le emozioni che vengono.
- Si concentra sui fatti piuttosto che sui sentimenti.
- Non considera i sentimenti degli altri prima di agire.

- Insicuro e difensivo, ammette difficilmente gli errori, esprimere rimorso e non si scusa sinceramente.

Effetti negativi di bassa EI:

- Delinquenza sociale

- Ansia e depressione

- Carenza di attenzione

- Aggressività

- Bullismo

- Relazioni scarse tra genitore-figlio, insegnante-studente, terapeuta-paziente, ecc.

Quali sono gli effetti dell'intelligenza emotiva?

L'intelligenza emotiva generale ha un effetto su quanto segue:

- Prestazione

- Salute mentale

- Salute fisica

- Salute sociale

Effetti dell'intelligenza emotiva sulla tua performance

Un'elevata intelligenza emotiva può migliorare le tue prestazioni sia al lavoro che nello studio. La motivazione è un ingrediente chiave di un'elevata intelligenza emotiva. Con la motivazione, puoi fare qualcosa in più per aumentare le prestazioni sia nel lavoro che nello studio. D'altra parte, una scarsa intelligenza emotiva può comportare una mancanza di motivazione, che a sua volta, potrebbe comportare prestazioni inferiori o addirittura fare smettere di eseguire determinate cose, ad esempio abbandonare gli studi o smettere di lavorare.

Effetto dell'intelligenza emotiva sulla salute mentale

Le emozioni hanno un grande impatto sulla salute mentale. È noto che le emozioni negative, un prodotto di una scarsa intelligenza emotiva, rovinano la salute mentale, causano stress e, all'estremo, depressione.

Effetto dell'intelligenza emotiva sulla salute fisica

Essendo lo stress e la depressione un prodotto della scarsa intelligenza emotiva, è stato scoperto che queste emozioni negative sono i principali fattori scatenanti di ipertensione, obesità e diabete, tra le altre condizioni di salute fisica. Gli studi hanno anche scoperto che lo stress e la depressione sopprimono il tuo sistema immunitario. Un sistema immunitario soppresso rende il tuo corpo più suscettibile a infezioni e malattie.

Effetti sulla tua salute sociale

Le relazioni buone, positive e produttive sono una misura della tua salute sociale. L'elevata intelligenza emotiva ti consente di comunicare i tuoi sentimenti in un modo che può essere percepito positivamente e facilmente compreso. Ciò determina una risposta appropriata alla tua comunicazione emotiva. D'altra parte, un'elevata intelligenza emotiva ti consente di percepire correttamente i segnali emotivi degli altri e di conseguenza consente anche di fornire una risposta appropriata. La relazione diventa sana quando la comunicazione emotiva è efficace e solida. L'effetto risultante sono legami rafforzati, meno conflitti (umore emotivo non necessario) e maggiore sforzo per il raggiungimento degli obiettivi sociali del gruppo.

La natura dell'intelligenza sociale e il suo ruolo nello sviluppo delle abilità sociali

Cos'è l'intelligenza sociale?

L'intelligenza sociale è la capacità di creare relazioni reciprocamente vantaggiose.

Come migliorare la tua intelligenza emotiva

A differenza di IQ, che è estremamente statico e lento da regolare, l'EQ è estremamente dinamico ed elastico. Questo rende praticamente facile migliorare la tua intelligenza emotiva.

Come aumenti la tua intelligenza emotiva?

Per migliorare la tua intelligenza emotiva, devi sviluppare le seguenti abilità chiave:

A) Abilità di autoconsapevolezza

B) Abilità di autogestione

C) Abilità di consapevolezza sociale

D) Abilità di gestione sociale (gestione delle relazioni)

Di seguito alcuni dei metodi che si possono implementare per aumentare la tua intelligenza emotiva.

A) Sviluppa le tue capacità di autoconsapevolezza:

- Attingi alle tue emozioni (autoconsapevolezza)

- Annota e registra le tue reazioni emotive agli eventi chiave della tua giornata

- Ascolta il tuo corpo

- Osserva la correlazione tra le tue emozioni e i tuoi comportamenti

B) Sviluppa le tue capacità di autogestione:

- Distacca la tua mente dalle espressioni delle tue emozioni

- Esamina la tua tendenza emotiva

- Separa il tuo comportamento dalle emozioni negative

C) Sviluppa le tue abilità di consapevolezza sociale:

- Sii di larghe vedute
- Aumenta la tua empatia e compassione
- Padroneggia il linguaggio del corpo delle persone
- Esplora l'effetto che hai sugli altri
- Pratica l'onestà emotiva

D) Sviluppa le tue capacità di gestione sociale:
Le abilità di gestione sociale sono semplicemente le abilità di gestione delle relazioni. Si tratta di gestire il modo in cui ti relazioni con gli altri. La tua competenza nella gestione delle relazioni è ciò che è comunemente nota come competenza sociale.

Praticare il modo migliore per potenziare la tua intelligenza emotiva
Proprio come il QI, la pratica aumenta l'uso ottimale della tua intelligenza emotiva. A differenza del QI che è meno elastico, l'EQ è estremamente reattivo alla pratica e facendo pratica, ne espandi anche la capacità.

Strategie per contrastare la tua scarsa intelligenza emotiva
Di seguito 5 strategie chiave per migliorare la tua intelligenza emotiva:

1. Ricevi feedback: avere feedback dalle persone, dai tuoi amici e dai tuoi cari possano consentirti di apprendere la loro percezione del tuo EQ.

2. Attenzione al divario tra intento e impatto: quando pronunci una parola o agisci in un certo modo, cerca di immaginare il suo impatto sugli altri. Puoi fare una battuta deliberatamente, ma senza immaginarne l'impatto potresti finire per ferire o creare momenti di disagio.

3. Impara a fare una pausa: ogni volta che rispondi alle emozioni delle persone, è sempre bene fare una pausa. Questo ti dà l'opportunità di

pensare. Allo stesso tempo, offre all'altra parte l'opportunità di riflettere. In entrambi i modi, aiuta a mitigare la gravità degli esiti negativi.

4. Padroneggia come reindirizzare dopo una pausa: una volta che ti sei fermato e ti sei reso conto che il tuo approccio non è stato positivo, il modo in cui reindirizzi il tuo approccio è importante. Trova un approccio meno pervasivo. Se possibile, rimanda l'argomento in questione a un momento più giusto o passa a un altro argomento meno divisivo.

5. Indossa entrambe le scarpe: mettiti sempre nei panni della persona con cui ti stai impegnando. Questo aiuta a ridurre il divario tra il tuo intento e l'impatto.

Ulteriori suggerimenti per migliorare il tuo EQ (di più, sul posto di lavoro)

- Comprendi la causa principale dei tuoi sentimenti
- Conosci la tua tolleranza alla frustrazione
- Esprimi la tua rabbia nel modo più appropriato (non per ferire o vittimizzare ma per far conoscere i tuoi sentimenti)
- Monitora le tue azioni
- Lavora con i tuoi punti di forza
- Focalizza l'attenzione sul miglioramento del tuo EQ
- Coltiva l'autostima
- Evita comportamenti autodistruttivi
- Stabilizza le tue emozioni attraverso la meditazione consapevole

Abitudini quotidiane per migliorare la tua intelligenza emotiva e intelligenza sociale

Le abitudini sono modi ripetitivi appresi di fare le cose. Le abitudini sono importanti nella nostra vita quotidiana poiché ci consentono di mantenere la routine.

Le seguenti sono le 30 abitudini quotidiane che puoi praticare per migliorare la tua intelligenza emotiva:

1. Medita spesso e molto: la meditazione è il tonico della tua mente. Allevia la tua mente dalla vibrazione estrema dei pensieri radicali. Sei in grado di liberare la mente e focalizzare l'attenzione. La meditazione è la scopa della tua mente.

2. Pratica la consapevolezza: la consapevolezza è un atteggiamento e una postura mentale che ti consentono di diventare autocosciente del momento presente. Ti aiuta a evitare di essere trascinato da pensieri del passato. Ti aiuta a essere consapevole dei pensieri negativi senza attaccarti ad essi. Ti aiuta a evitare pensieri negativi sul futuro che portano preoccupazione. Senza rimpianti e preoccupazioni, vivi pienamente il presente, lo utilizzi completamente, diventi completamente attento alla tua energia emotiva e non reagisci in base al tuo passato o futuro. Sei in grado di superare lo stress e quindi la depressione, sei in grado di rilevare, monitorare e gestire i tuoi impulsi emotivi e sei più composto indipendentemente dalla turbolenza del momento.

3. Pratica la compassione: la compassione è un amore in azione. È un amore innescato dall'empatia, cioè la preoccupazione per gli altri. La compassione può essere espressa visitando i malati, aiutando chi è in calamità, fare donazioni a chi ha un disperato bisogno di aiuti materiali come cibo, vestiti e riparo; condividere il tempo e la presenza con i solitari, prendersi cura dei bambini e degli anziani nelle loro case, tra tanti altri. La compassione plasma il tuo atteggiamento. La compassione aumenta la tua energia emotiva positiva. La compassione ti aiuta a ridurre il tuo orgoglio e il tuo ego.

La compassione ti aiuta a spazzare via l'avidità dal tuo cuore. La compassione aumenta il tuo livello di EQ.

4. Equilibrio tra lavoro e gioco: le persone più ottuse sono quelle che non hanno tempo per giocare. L'ottusità è un segno che la tua intelligenza funziona in modo subottimale, a maggior ragione la tua intelligenza emotiva. Quindi, per accendere quella lampadina dell'intelligenza emotiva che è stata attenuata a causa della bassa energia, è necessario giocare ed esercitarsi. Ovviamente ne guadagnerai le gioie e l'energia che sarà irradiata negli altri, e si svilupperà un legame felice.

5. Sii curioso per gli altri: essere curioso non significa essere sospettoso. Si tratta semplicemente di essere entusiasti e interessati a conoscere gli altri. Abbi quell'atteggiamento curioso e sviluppa quella postura curiosa. Questo aiuta gli altri a sapere che sei interessato a loro e al loro benessere.

6. Accetta le tue imperfezioni: non assumere mai una postura perfetta. Sii abbastanza umano e umile da sostenere che sei un essere imperfetto. Pertanto, qualunque sia la posizione che prendi o qualsiasi affermazione che fai, non dare per scontato che sia priva di errori. In questo modo, puoi rispondere positivamente alle critiche degli altri.

7. Accetta gli altri così come sono: non cercare di cambiare gli altri. Non cercare di convincere gli altri. Non cercare di convincerli eccessivamente. Ispirali semplicemente. Ma, prima di poter ispirare qualcuno, devi prima capire e accettare chi è la persona. Convincere e persuadere sono sforzi guidati dall'esterno. Ispirare è uno sforzo guidato internamente. Nell'ispirare, non stai accendendo il fuoco all'esterno della persona, ma, al contrario, stai accendendo fiamme all'interno della persona.

8. Migliora la tua motivazione: la motivazione è ciò che ti spinge. Coltiva una mentalità positiva. Questo ti aiuterà ad avere un

atteggiamento vincente. È l'atteggiamento vincente che ti spinge verso il raggiungimento dei tuoi obiettivi.

9. Mantieni dei confini sicuri: sì, evita i vampiri psichici. I vampiri psichici sono quelle persone che, qualunque cosa accada, sgonfiano la tua energia emotiva.

10. Essere più proattivi e meno reattivi: essere proattivi significa anticipare una situazione probabile e prepararsi in anticipo piuttosto che aspettare che si verifichi e reagire ad essa. Ascolta il tuo istinto. Impara cosa succede nelle possibili circostanze che stai per affrontare. Delinea uno scenario "what if" (cosa succede se) e delinea le risposte appropriate. Questo ti aiuterà a evitare reazioni impulsive negative.

11. Pratica l'intimità: imparare a praticare il giusto tipo di intimità con diversi tipi di persone ti aiuta a rafforzare i legami. L'intimità è semplicemente la connessione con il corpo abilitata attraverso segnali sensoriali. Intimità tattile (ad es. abbraccio, carezza, bacio, saluti, ecc.), intimità con gli occhi, profumo, parole seducenti (ad es. poesia, canzone, discorso, storia, ecc.) possono aiutare a migliorare l'intimità. Tuttavia, non c'è niente di così offensivo come un segnale di intimità sbagliato. Quindi, impara e rispetta l'età, la cultura, la professione, lo stato sociale, la religione, il sesso delle persone, ecc.

12. Potenzia il tuo meccanismo di rimbalzo: capacità di riprendersi dalle avversità.

13. Pratica l'assertività: sii fermo ma educato.

14. Pratica il pensiero positivo: il pensiero positivo è semplicemente l'arte di trasformare i pensieri negativi in pensieri positivi. È trovare il lato positivo di ogni cosa negativa. Proprio come un'ombra significa che l'estremità opposta ha una fonte di luce, così i pensieri negativi, gli eventi negativi o le persone negative, hanno il loro lato positivo.

15. Occupa la tua mente con materiali più stimolanti: leggi contenuti stimolanti, racconta storie ispiratrici, ecc. Impara a raccontare storie positive. Esercitati a leggere e ascoltare contenuti stimolanti. Tutto ciò aiuta a plasmare il tuo atteggiamento. Finisci con un atteggiamento più positivo che aumenta la tua immagine positiva di te, aumenta la tua autostima e migliora la tua autostima e l'assertività.

16. Fermati sempre quando sei arrabbiato o quando la discussione diventa accesa.

17. Chiedi sempre il punto di vista delle altre persone: è sempre importante ricordare che non tutte le persone rispondono in egual modo agli stessi problemi. Quindi, è necessario chiedere le loro prospettive. Ciò contribuirà ad abbassare la loro resistenza al tuo punto di vista. Aiuterà anche a evitare la ribellione. Inoltre, chiedere il punto di vista delle persone ti consente di conoscere i loro sentimenti e il loro stato emotivo.

18. Rispettosamente in disaccordo: ci saranno sempre disaccordi. Questa è la bellezza della diversità. Tuttavia, ciò che trasforma il disaccordo in una brutta faccenda è la perdita del rispetto delle opinioni altrui. La maggior parte dei disaccordi riguarda problemi. Non iniziare ad attaccare la personalità della persona con cui sei in disaccordo. Rispetta la personalità altrui e rimani sul problema.

19. Attenersi al mantra che risuona con te: un mantra è una parola chiave che continui a ripetere per ricordare a te stesso o rafforzare un determinato pensiero o azione. Ad esempio, "alzati al di sopra di loro" è un facile mantello che può aiutarti a stare al sicuro da discussioni accese o esplosioni di rabbia. Quando qualcuno si impegna in esplosioni emotive come insulti verbali, significa che il suo EQ si è abbassato. Quando ripeti silenziosamente il mantra "sali sopra di loro", ti stai semplicemente mobilitando per aumentare il tuo livello di EQ in modo da non ricorrere a insulti o reazioni esagerate. Un altro grande mantra fornito da Michelle Obama è "quando vanno in basso, noi andiamo in alto". Questo offre una

sfida positiva su come dovresti rispondere a coloro che scendono in termini di EQ.

20. Rifletti sulle tue risposte emotive alla fine della giornata: tante volte, potresti non renderti conto dei tuoi difetti nel momento in cui stai esprimendo emozioni. Più tardi nel corso della giornata, mentre la tua mente è a riposo, diventa più facile riflettere e stabilire se il tuo comportamento era appropriato o meno. Praticare ciò, può migliorare l'apprendimento delle emozioni e quindi aumentare il tuo EQ.

21. Assumi il miglior intento nei confronti degli altri: mai premeditare gli intenti negativi negli altri. Augura sempre le migliori intenzioni agli altri. In questo modo, potrai evitare di reagire in modo eccessivo ai loro commenti negativi o al linguaggio del corpo negativo. Inoltre, permette di considerare la possibilità che alcuni dei segnali negativi possano essere segnali "rumorosi", ovvero segnali non intenzionali. Tuttavia, questo non significa necessariamente che dovrai sopprimere i tuoi istinti. Gli istinti possono aiutarti a evitare il pericolo.

22. Esercizio quotidiano al mattino: fare esercizio al mattino aiuta a creare un umore positivo per la giornata. Permette anche di aumentare l'assunzione di ossigeno del cervello riducendo così al minimo lo stress. Aiuta anche a rilasciare "ormoni della felicità" che ti consentono di avere un effetto radioso di "benessere".

23. Respira prima di parlare: respirare è uno dei modi migliori per alleviare la tensione. Respirare prima di parlare rilascia l'energia negativa accumulata. Ti consente anche di avere il controllo del tuo linguaggio del corpo, ad es. tremore, tono aspro, ecc., che potrebbero essere segni di rabbia o paura incontrollabili.

24. Incoraggiare le critiche: le critiche, positive o negative che siano, aiutano a imparare. Puoi apprendere sia le informazioni nel messaggio che l'intento dietro il messaggio. Un intento positivo significa che quella persona si prende cura di te, indipendentemente

dal fatto che la critica sia positiva o negativa, tuttavia, la critica negativa, se persistente, potrebbe indicare un avversario. Incoraggia le critiche positive e impara cosa viene trasmesso. La critica è il feedback più importante di cui hai bisogno per intraprendere un'azione correttiva sul tuo EQ.

25. Sii onesto con te stesso: non trovare scuse per i tuoi fallimenti emotivi. Accettali come parte del tuo processo di apprendimento. Se ti senti geloso, accettalo. Non deviarlo, perché potrebbe diventare un risultato mostruoso.

26. Restituisci alla società (compassione): unisciti a organizzazioni di beneficenza per fare volontariato durante il tuo tempo libero. Partecipa alla responsabilità sociale d'impresa. Preoccupati per il benessere degli sfortunati.

27. Comunicare con consapevolezza (comunicazione consapevole): ad es. sii consapevole della tua voce e di altri segnali emotivi.

28. Gestisci il tuo stress: svolgi quelle attività che possono aiutarti a liberarti dallo stress.

29. Dare gratitudine: riconoscere e premiare i buoni comportamenti. Apprezza gli altri per averti fatto del bene. Apprezza le cose belle che hai nella vita.

30. Osserva chi ti circonda: ogni persona è diversa. Persone diverse sono innescate da segnali emotivi diversi. Impara quei segnali positivi che ispirano ciascuna delle tue relazioni. Impara anche quei segnali negativi che scoraggiano alcuni. Pratica i segnali positivi mentre eviti quelli negativi.

Suggerimenti su cosa fare:

- Prenditi del tempo ogni giorno per apprezzare ciò che è buono negli altri

- Prenditi del tempo ogni giorno per apprezzare l'abbondanza intorno a te

- Aumenta il tuo vocabolario emotivo
- Sii il tuo migliore amico
- Ascolta con il cuore
- Parla a te stesso
- Sintonizzati con il tuo corpo
- Sorridi più e spesso

Suggerimenti su cosa non fare:

- Non parlare mai per rabbia
- Non agire mai per paura
- Non scegliere mai dall'impazienza

"*L'apprezzamento più vero è quello che non parla, ma ha la forza di farsi sentire.*"

Maria Lo Monaco

Capitolo 5. Superare la paura e l'ansia sociale

L'ansia sociale è il disagio fisico e psicologico che proviamo quando siamo in un gruppo di persone o di fronte a una persona responsabile, o quando qualcuno ci pone domande scomode, così come quando incontriamo il comportamento aggressivo di qualcuno, ecc..

L'ansia sociale a volte ci impedisce di difendere i nostri interessi e di comunicare pienamente con gli altri. E quando non abbiamo possibilità di autoaffermazione, iniziamo a sentirci incompetenti e incapaci. E più sentiamo la nostra incompetenza, più aumenta l'ansia sociale, privandoci dell'opportunità di autoaffermazione. Così nasce un circolo vizioso. In questo cerchio ci sono tre elementi strettamente correlati. Il primo è l'ansia sociale, il secondo è la mancanza di autoaffermazione e comunicazione, il terzo è un sentimento di incompetenza.

Per imparare l'autoaffermazione e per comunicare meglio con chiunque, è necessario superare queste tre circostanze. In questo capitolo vedremo come ridurre l'ansia sociale.

Rilassamento

La realtà oggettiva è che non possiamo essere allarmati e rilassati allo stesso tempo, ma possiamo imparare molto facilmente come affrontare l'ansia e imparare a rilassarci. Numerosi studi sperimentali dimostrano che il rilassamento può essere utile per controllare lo stress e ridurre la vulnerabilità in situazioni stressanti.

La capacità di rilassarsi implica che siamo in grado di riconoscere che siamo tesi. Pertanto, è importante identificare segnali di tensione tangibili e prestare attenzione a ciò che sentiamo. Ad esempio, puoi determinare se al momento sei teso o rilassato. Le tue mani sono tese? E la schiena? Soffri di lombalgia? Nello stomaco? Il mal di testa? Tutto questo può essere un segno che sei teso. Il tuo collo è rilassato? E le spalle alzate? Le mascelle sono serrate? Se sei teso, stai sovraccaricando il tuo corpo. Pertanto, è molto importante prestare attenzione allo stress che il tuo corpo sta vivendo e rilassarsi non appena lo senti.

Il tuo corpo ha sedici gruppi muscolari. Impara a rilassarli uno per uno. Entro pochi secondi, aumentare la tensione su uno di questi gruppi e quindi rilassarsi il più possibile. Il contrasto di tensione e rilassamento ti farà sentire la differenza tra questi due stati. Inoltre, la tensione di un certo gruppo muscolare ti aiuta ad essere più attento a ciò che sta accadendo in questa parte del tuo corpo in diverse situazioni.

All'inizio dei tuoi allenamenti, ogni esercizio di rilassamento può durare trenta minuti. Successivamente, puoi ridurre il tempo di ciascuna sessione a quindici minuti. È meglio esercitarsi due volte al giorno, almeno prima. Questo piccolo sforzo per allenamenti regolari ti permetterà di ottenere un profondo rilassamento al momento giusto. Il corso di formazione può essere tenuto in dieci sessioni, ma l'effetto potrebbe piacerti così tanto da voler fare sempre un rilassamento differenziale, in metropolitana, in autobus, al lavoro, in macchina, ecc..

Per dedicarti al relax, devi scegliere un luogo tranquillo in modo che nessuno possa disturbarti. Siediti su una sedia comoda, con un comodo supporto per testa, braccia e gambe, o ancora meglio, sdraiati sul pavimento con un tappetino. Può essere una buona idea usare un piccolo cuscino sotto la testa. Inoltre, sarà più facile se spegni la luce e chiudi gli occhi.

Nella vita di tutti i giorni, quando ti senti stressato durante il giorno, la sera prima di andare a dormire potresti non essere in grado di condurre una serie completa di esercizi per il rilassamento. Tuttavia, puoi trascorrere un rilassamento parziale, cioè rilassare solo quei muscoli che non usi regolarmente. Questo si chiama rilassamento differenziale.

Molto spesso, le donne che stanno sedute al computer tutto il giorno lamentano mal di schiena. Se questo è il tuo caso, ricorda che puoi rilassare i muscoli del viso, del collo, delle spalle, dell'addome, delle cosce e delle gambe, riducendo così la tensione alla schiena e alle braccia. Questo è solo un esempio dell'uso del rilassamento differenziale. Con questo metodo, puoi sbarazzarti del nervosismo e dell'ansia nella vita di tutti i giorni. E se impari a rimanere calmo, puoi facilmente far fronte a situazioni difficili.

Quali sono le situazioni sociali che ti preoccupano?

L'ansia sociale è il disagio e le paure, che sono già state studiate e che devono ancora essere studiate ulteriormente. Molto spesso durante l'infanzia ci siamo abituati ad avere paura di qualcosa. C'è poco beneficio dallo studio di situazioni specifiche (che ci hanno portato a un senso di ansia sociale) per capire cosa ci spaventa esattamente al momento. È molto più utile capire prima cosa ci mette esattamente a disagio nel momento in cui comunichiamo con altre persone. Forse il fatto che queste persone occupino una posizione elevata, o magari sono più grandi o più giovani di noi, ci stanno guardando, condannandoci, sono aggressivi nei nostri confronti, sono del sesso opposto e così via. Ponendo queste domande, puoi trovare diversi aspetti dell'ambiente sociale che ti preoccupano.

In primo luogo, dobbiamo percepire tutti gli aspetti dell'attuale situazione sociale, a causa della quale siamo preoccupati. Le idee su di loro si sviluppano sotto forma di pensieri e immagini. Quindi possiamo ridurre le nostre paure cambiando questi pensieri e immagini. Ora vedremo come farlo.

Costruire una gerarchia delle nostre paure sociali

Costruiremo una gerarchia delle nostre paure, definendo quelle situazioni sociali che ci provocano ansia lieve, poi quelle che provocano ansia media, poi quelle che provocano ansia molto forte. Ecco un esempio di gerarchia costruita sull'osservazione delle tue paure.

1. Cammino per strada e saluto il vicino.

2. Cammino per strada, il postino mi raggiunse e mi salutò.

3. Cammino per strada e un gruppo di cinque persone mi saluta.

4. Sto aspettando l'autobus e la gente mi guarda alla fermata.

5. Vado a comprare un litro di latte al supermercato. All'uscita, passo accanto a un gruppo di persone che mi stanno guardando.

6. Entrando al supermercato inciampo e due persone mi guardano.

7. Entrando in un negozio affollato, inciampo e tante persone mi guardano.

8. Sto andando nella direzione sbagliata nel corridoio del supermercato e tante persone mi guardano con disapprovazione.

9. Sono in ritardo per la lezione. Entrando interferisco con gli ascoltatori e tutti mi guardano.

10. Non ci sono posti vuoti alla fine dell'aula, e io mi siedo al centro.

11. Non ci sono posti vuoti in fondo alla sala e io mi siedo in una delle prime file.

12. L'insegnante (o il conferenziere) mi fa un commento per il ritardo e molte persone mi guardano e ridono.

Ecco un altro esempio di costruzione di una gerarchia di paure espresse da idee, bisogni e sentimenti:

1. Non compro vestiti che ho già provato in negozio.

2. Ho iniziato una conversazione con un vicino.

3. Ho iniziato una conversazione con un gruppo di cinque persone.

4. In un grande magazzino, insisto che il venditore mi aiuti a trovare la merce necessaria.

5. Sono molto impegnato e quindi ho concluso rapidamente la conversazione con un collega.

6. Faccio domande al venditore di elettrodomestici, ma non compro nulla.

7. Faccio i complimenti al mio coniuge o amico.

8. Ho una macchina, ma mi rifiuto di portare a casa un amico.

9. Ho espresso chiaramente il mio disaccordo con il mio coniuge o con qualcuno che amo.

10. Ho chiaramente chiesto a qualcuno che amo di farmi un favore.

11. Ho espresso la mia rabbia verso i membri della famiglia (genitori o coniuge) e non sto cercando di scusarmi.

12. Ho espresso le mie fantasie sessuali a qualcuno che amo.

Come puoi vedere in questi esempi di gerarchie, le prime scene provocano un piccolo allarme, le ultime scene causano una forte ansia e le scene centrali provocano un allarme intermedio. Dopo queste spiegazioni e questi esempi, puoi probabilmente costruire la tua gerarchia di paure.

Esercizio

Fare una lista. Su di essa, ci sono dodici posizioni per descrivere situazioni sociali che ti preoccupano. Descrivi ogni scena, fornendo tutti i dettagli sulle persone che vi hanno preso parte, sul luogo, sulla relazione, sul comportamento delle persone e così via. La correzione dei dettagli ti aiuterà a trovare le scene meno allarmanti modificando questi dettagli (ad esempio, parlando al pubblico da centocinquanta spettatori, cinquanta spettatori, venti spettatori, dieci spettatori e così via).

Sotto il numero uno, descrivi la situazione sociale che ti sta causando una leggera ansia e al numero dodici descrivi la situazione sociale che causa una preoccupazione molto forte. Quindi trova le situazioni tra questi due estremi e disponile in ordine crescente di ansia da minore a maggiore. La tua descrizione di queste scene dovrebbe essere abbastanza specifica in modo da poterle facilmente immaginare. Inoltre, il grado di ansia dovrebbe aumentare gradualmente di una piccola quantità da una scena all'altra.

Ora che hai costruito la tua gerarchia di paure, valuta il tuo livello di ansia in ciascuna di queste situazioni su una scala da zero a cento, dove zero significa nessuna ansia e cento è il punto di massima ansia o addirittura di panico. Metti il tuo punteggio da zero a cento accanto a ciascuna delle descrizioni delle scene. È importante costruire la tua gerarchia in modo che la differenza nelle stime delle scene vicine non superi i dieci o quindici punti, in altre parole, non dovrebbe esserci troppa differenza nelle stime di una scena dopo l'altra.

La pratica della visualizzazione: in primo luogo, devi provare tu stesso questa pratica. Immagina o ricorda una situazione specifica. Ciò ti consente di visualizzare meglio ciascuna delle scene nella tua gerarchia.

Stai il più comodo possibile, ad esempio sdraiato o seduto su una sedia comoda. Quindi chiudi gli occhi e immagina scene piacevoli per te. Ad esempio, una serata in riva al fiume, in un villaggio o in una stazione sciistica, secondo il tuo gusto personale. Immagina questa scena chiaramente, con tutti i dettagli di base. Cerca di non farti distrarre da questa scena. Presentala come se fossi presente in essa, piuttosto che guardarla da esterno. Sei un membro di questa scena. Vedi oggetti, persone, senti suoni, tocchi cose, persone e provi emozioni come se fossi lì.

Per aiutare te stesso in modo più accurato, immagina la tua presenza in quella situazione, poniti le domande: "Nel luogo in cui sono, cosa vedo e cosa odo? Dove sono le altre persone? Quali emozioni esprimono, quanto sono alte, quali sono le loro voci? A cosa sto pensando? Cosa dico agli altri? Voglio mangiare o bere? Cosa prova il mio corpo? "

Immagina questa scena per circa due minuti. Allora rilassati. Dimentica questa situazione, concentrati solo sul rilassamento. Poi di nuovo, ricorda questa scena per altri due minuti. Rilassati di nuovo.

Se hai difficoltà con la presentazione di questa situazione, puoi iniziare eseguendo il seguente esercizio. Guarda qualche oggetto o persona. Quindi chiudi gli occhi e immagina questo oggetto o questa persona.

Impatto lungo e graduale

La procedura per ottenere un impatto lungo e graduale si basa sul principio della repressione, che si è dimostrato sperimentalmente. Questo principio ci permette di affermare che, se una persona affronta spesso una situazione che la spaventa o gli causa ansia, ma non presenta alcun pericolo reale, allora questo allarme diminuirà gradualmente e infine scomparirà. Inoltre, questo processo di soppressione dell'ansia può essere accelerato se una persona impara a rilassarsi in questa situazione.

In questo esercizio rappresenterai tutti gli elementi della tua gerarchia, a partire dal numero uno, cioè dalla scena meno inquietante. Fai questo esercizio per 20 minuti per diversi giorni consecutivi fino a raggiungere la fine della tabella gerarchica.

Stai il più comodo possibile, rilassati e cerca di rappresentare nel dettaglio la prima scena. Concentrati e prova a vedere tutto, ascolta tutto, tocca tutto e senti tutto. Se sei ancora preoccupato, continua a vedere la scena numero uno finché il tuo livello di allarme non scende a zero sulla scala proposta. Quindi continua a vedere la stessa scena per circa quindici secondi. È molto importante rappresentare ogni scena particolare nella tua immaginazione in dettaglio e non passare alla successiva fino a quando non hai raggiunto il livello di allarme zero o quasi zero. Allora dimentica questa scena e rilassati. Di nuovo, prova a presentare la stessa scena più volte nello stesso modo finché non cessa di destare preoccupazione.

La repressione dell'ansia a volte può verificarsi in pochi secondi e talvolta può richiedere più di dieci minuti. Non preoccuparti per il tempo dedicato all'esercizio, l'importante è vedere la scena desiderata nel miglior modo possibile. La cosa principale che è necessaria per vedere una situazione concreta, è essere il più rilassati possibile. Quando hai finito con la prima scena del tuo tavolo gerarchico, puoi fare lo stesso con la seconda scena.

Se dopo aver fatto l'esercizio per dieci minuti con la stessa scena non sei riuscito a ridurre la tua ansia al livello minimo (quasi zero), trova un'altra scena che ti provoca meno ansia. Puoi tornare a un livello difficile un po' più tardi.

Se, dopo aver utilizzato questo metodo, senti ancora molta ansia sociale, puoi consultare uno specialista in quest'area. Psicologi, assistenti sociali e psichiatri specializzati in terapie comportamentali fanno ampio uso di questi metodi.

Paure sociali e auto-verbalizzazione

Il risultato della psicoterapia può essere valutato in base al grado di indipendenza raggiunto da una persona che ha completato il relativo corso. Uno dei modi più efficaci con cui le persone possono aiutare sé stesse è incoraggiare i propri cambiamenti costruttivi attraverso l'auto-verbalizzazione, cioè pronunciando certe frasi a sé stessi. Infatti, gli studi dimostrano che la natura del dialogo interno diventa uno dei fattori più importanti in caso di comportamenti problematici, in particolare, in presenza di paure sociali. Qual è il dialogo interno?

Il dialogo interno non è altro che una serie di frasi che pronunciamo a noi stessi. Questo di solito viene fatto molto rapidamente, quasi senza interruzioni, soprattutto quando qualcosa attira molto la nostra attenzione. Ciò accade in diversi casi:

1) Prima che si verifichi un'azione o evento.

2) Durante un'azione o un evento.

3) Dopo un'azione o un evento.

Questo dialogo interno esprime la nostra percezione degli eventi, il nostro modello di comportamento, giudizi, abitudini, atteggiamenti critici, desideri, paure e così via.

Ad esempio, ad un colloquio di lavoro, il dialogo interno potrebbe essere il seguente: "Mi piacerebbe ottenere questo lavoro, ma senza dubbio ci sono persone più competenti di me. Se mi vengono poste domande a cui non saprò rispondere, tutti capiranno che non sono preparato. Probabilmente non sarei dovuto venire. Non ho abbastanza esperienza. Sono nervoso e tutti intorno se ne accorgono. Balbetto quando sono nervoso e sembro ridicolo". Questo tipo di dialogo interno fa solo aumentare le paure sociali di una persona e riduce le sue capacità.

Molto spesso ci ferma o ci impedisce di fare qualcosa non tanto per la nostra reale incapacità, ma piuttosto (e più spesso) perché non siamo consapevoli delle nostre reali capacità ed esageriamo le nostre debolezze. Lo studio, che ha confrontato gruppi di persone con alti e bassi livelli di ansia sociale, ha rivelato che le persone del gruppo con un alto livello di ansia sottovalutano i risultati positivi delle loro attività e sopravvalutano gli aspetti negativi. La loro memoria conserva più a lungo le informazioni negative, eliminando quelle positive. In altre parole, in realtà si sottovalutano, mentre sono in grado di risolvere gli stessi compiti delle persone con un basso livello di ansia sociale.

Sembra piuttosto ovvio che la mancanza di fiducia in sé stessi e le paure sociali conducano, tra le altre cose, ad aspettative irrazionali che si manifestano nel nostro dialogo interno. Quasi inconsciamente, le persone con ansia sociale si dicono che in una data situazione non sapranno cosa fare, provocheranno una catastrofe e gli altri intorno a loro si allontaneranno e così via.

Ecco alcuni esempi di tali pensieri irrazionali.

"Mi piacerebbe chiamare Katia, ma se non mi chiama lei stessa, vuol dire che non vuole parlare con me".

"Vorrei cenare al ristorante con Andrea, ma se glielo offro io penserà che voglio impormi".

"Se dico ai bambini che voglio stare da solo, penseranno che non li amo più".

Così, noi stessi, provochiamo l'emergere della nostra ansia, invece di pensare a come risolvere la situazione. Inoltre, in queste situazioni, continuiamo a vedere solo gli aspetti negativi e non notiamo gli aspetti positivi. E inoltre, evitando queste situazioni, ci stiamo privando dell'opportunità di verificare come sarebbe nella realtà il tutto. Ma forse possiamo ridurre le nostre preoccupazioni eliminando i pensieri irrazionali e disfattisti, sostituendoli con pensieri razionali.

Durante una situazione allarmante, puoi dire a te stesso le seguenti frasi:

- Sono calmo, continuo a rilassarmi.

- Se riesco a superare questa situazione passo dopo passo, posso gestirla.

- Penso sempre a cosa posso fare e quali eventi positivi possono accadere.

- La mia tensione può essere la mia alleata, perché se provo ansia, mi servirà come segnale per affrontare la situazione.

- Non ho bisogno di dimostrare nulla a nessuno. Se quelli intorno a me accettano, va molto bene, altrimenti non c'è bisogno che il mondo intero sia mio amico.

- Faccio un respiro profondo e mi rilasso. Va tutto bene. Controllo la situazione e me stesso.

- Sono concentrato sulla situazione attuale. Cosa posso fare?

- È possibile che la mia paura aumenti, ma non importa, posso rilassarmi e controllarne il livello.

- Catturo perfettamente ciò che sta accadendo intorno a me. In questo periodo, non penso alle mie ansie.

Quando una situazione allarmante è completata, le seguenti frasi ti permetteranno di mantenere un senso di fiducia in te stesso e una sensazione di successo:

- Ho raggiunto il successo.

- È stato meglio di quanto avrei potuto immaginare.

- Se riesco a controllare i miei pensieri, allora posso controllare la mia paura.

- Sono soddisfatto dei miei progressi. Lo dirò al mio migliore amico.

Puoi scegliere tra queste frasi quelle che ritieni più utili o trovarne altre.

Capitolo 6. Timidezza

La timidezza si riferisce alla tendenza a sentirsi nervosi o timidi quando si interagisce con altre persone, soprattutto estranee. Parlare o interagire con persone al di fuori della tua normale cerchia sociale può essere spaventoso e potresti ritrovarti a evitare queste situazioni il più possibile. Se pensi di stare lottando con la timidezza, benvenuto nel club. Voglio dire, anche la persona più estroversa e socialmente competente che conosci sta lottando con un certo livello di timidezza. Probabilmente non sarà al tuo stesso livello, probabilmente non sarà così estremo, ma nessuno è immune da questo.

È facile da credere, perché ogni volta che sei in pubblico o hai a che fare con altre persone, c'è sempre la possibilità che ti accada. C'è sempre il rischio che ti rendi uno sciocco completo e totale. Quel rischio non scompare mai, indipendentemente da quanto diventi bravo con le persone. C'è sempre questa possibilità, e a seconda di come lo affronti, può portare a problemi seri o puoi continuare a fare bene.

Tipi di timidezza

Quando le persone dicono di essere timide, fondamentalmente stanno facendo una dichiarazione generale che in realtà non significa nulla. Non sto dicendo che non provino certe cose. Non sto dicendo che non siano chiari su ciò che provano. Ovviamente stanno provando una sorta di reazione negativa alle persone. Tuttavia, ci sono due tipi di timidezza, e se vuoi superarla, devi sapere con quale tipo di timidezza stai lottando.

1. Associazione negativa

Il primo tipo di timidezza implica una sorta di associazione negativa. Ad un certo punto in passato, ricordi di esserti reso ridicolo di fronte a delle persone. Questa associazione negativa rimane anche se ora sei una persona migliore quando si tratta di abilità sociali. Quell'associazione negativa rimane nonostante il fatto che ora sei un oratore migliore. Quell'associazione è tutta nella tua testa, e sei tu che scegli di tenerla in vita.

2. Squilibrio chimico

L'altro tipo di timidezza è più difficile da affrontare perché non è solo nella tua testa. Non è solo una semplice questione di scelta. Invece, c'è un vero e proprio squilibrio chimico nel neurotrasmettitore del cervello che innesca tutti i tipi di effetti fisici negativi. Ci sono persone che sono così timide che si ammalano fisicamente.

Non sto parlando solo di sentirsi a disagio. Non sto parlando di voler voltare pagina perché hai tanta paura di ciò che potrebbe accadere. No, stiamo parlando di sintomi fisici reali. Queste persone si ammalano al punto da vomitare. Questa è roba reale, ed è dovuto a uno squilibrio chimico, causato da un qualsiasi tipo di contesto sociale aperto in cui hai a che fare con delle persone. I tuoi livelli di ormone dello stress aumentano, compaiono sintomi fisici e sei intrappolato in un ciclo di feedback negativo.

Inizia con il sudore freddo e poi inizi a sentirti "strano". Le persone non sono stupide, possono vederlo, quindi la tua performance sociale ne risente. Ti inviano segnali e tu li interpreti nel modo peggiore possibile e i tuoi sintomi fisici peggiorano sempre di più. Quello che era iniziato come semplice sudore freddo diventa secchiate di sudore e poi inizi a tremare e, prima che tu te ne accorga, vuoi vomitare. La buona notizia è che gli squilibri chimici possono essere risolti. Non puoi liberartene completamente usando solo sostanze chimiche, ma ci sono prodotti farmaceutici attualmente disponibili che ti aiuterebbero ad affrontare il disturbo d'ansia clinica.

Questa è una diagnosi clinica reale. Si ha bisogno di vedere uno psichiatra per ottenere il farmaco giusto. È inoltre necessario ottenere consulenza per ridurre i sintomi. Tuttavia, puoi risolvere questo problema. Questa non è una condanna a morte per la tua vita sociale. Quello che tratteremo nelle sezioni seguenti si occupa principalmente di associazioni negative perché questo è ciò di cui soffre la maggior parte delle persone.

Le persone timide sono spesso vittime di una semplice associazione negativa

È facile pensare che se sei molto timido stai essenzialmente solo covando tutte queste associazioni negative. Hai l'impressione di aver avuto tante esperienze negative in passato e tutte si combinano in questa sensazione davvero opprimente che provi quando hai a che fare con estranei.

E se ti dicessi che è un'illusione? E se ti dicessi che c'è davvero una sola associazione negativa a cui tutto porta? Tutto il resto è solo un rimaneggiamento di quell'unica associazione negativa. Devi trovare questo. Devi guardare all'esperienza negativa che hai subito inizialmente. Questo è ciò che ha fatto girare la ruota e ciò che ha innescato l'intera situazione.

Il motivo per cui sei timido è che equiparerai l'essere in qualsiasi tipo di contesto sociale o la partecipazione a qualsiasi tipo di attività sociale con un'esperienza negativa. C'è questo legame indissolubile nella tua mente tra l'ambiente sociale o l'attività sociale e un'esperienza negativa.

Ora, cosa c'è di sbagliato in questa immagine? Puoi impegnarti in un contesto sociale oggi e non c'è alcuna garanzia che accadrà un'esperienza negativa. In effetti, di solito, poiché sei un po' più grande, più esperto e più qualificato, ci sono buone probabilità che l'esperienza sia molto positiva rispetto al passato. Tuttavia, perché ti aggrappi a questa equazione di impostazione che recita "attività sociale = esperienza negativa"?

Rompi il collegamento di ferro

Per favore, comprendi che per superare la timidezza, devi rompere questo legame tra un'esperienza negativa del passato e l'attività sociale attuale. Fondamentalmente, quello che stai facendo è dire a te stesso che dal momento che hai avuto un'esperienza negativa in passato, ciò NON significa che qualsiasi attività sociale ora, e in futuro, si tradurrà in un'esperienza negativa. È un'ipotesi che non si può fare, non si può prevedere il futuro.

Rompi questo collegamento di ferro: ecco come farai

Le persone intorno a te non hanno causato l'esperienza negativa. Sul serio. Certo, potresti ripensare e concentrarti su alcune persone che ridono, ridacchiano, puntano il dito. Tuttavia, lascia che ti dica che molte di queste cose sono solo un contorno mentale, perché più ricordi quell'esperienza negativa o dolorosa, più riempi di dettagli quei ricordi. Devi davvero essere onesto con te stesso, e capire se ciò che è accaduto è stato semplicemente causato da una reazione smisurata, per esempio. Invece, la negatività può essere ricondotta alla tua reazione a quell'esperienza. L'hai interpretato nel peggior modo possibile, hai considerato le cose a dismisura e le hai solo peggiorate. Devi cambiare la tua reazione, perché se oggi continui a rivivere quell'esperienza, continui a rafforzare quel legame tra contesto sociale e un'esperienza negativa.

Deprogrammati

Come ti deprogrammi per uscire da questa pista di ferro? Voglio dire, questo è facile da dire ma difficile da fare. Nel momento in cui una certa immagine mentale lampeggia nella tua mente, non puoi fare a meno di rispondere automaticamente nel modo peggiore possibile. Tutti i vecchi sentimenti negativi tornano ancora e ancora. Non sorprende che quando ti trovi in un contesto sociale, inizi a comportarti come ti comporti normalmente. Ti senti timido. Ti senti come se fossi stato giudicato. Senti che sta per accadere qualcosa di brutto. Ti senti a disagio e così via.

Devi deprogrammarti. Il primo passo per raggiungere questo obiettivo è capire che esistono diversi modi per leggere i segnali sociali "negativi".

Ricorda: hai sempre il controllo

La linea di fondo in realtà è piuttosto semplice. Indipendentemente dal fatto che tu abbia a che fare con cose del passato o cose che stanno accadendo ora, devi saper "leggere" sempre la situazione. Come lettore, sai di avere molto più controllo di quanto tu pensi. Leggi nel significato.

Esiste un significato soggettivo, sì, ma non sottovalutare mai l'importanza della lettura soggettiva perché le cose potrebbero non essere così brutte come le ricordi. Le cose potrebbero non essere così tristi come le percepisci ora.

Evita il ciclo di feedback negativo

Dato il nostro potere di leggere il peggio nelle nostre attività quotidiane, devi comprendere che questo diventa davvero quasi inevitabile a causa dei cicli di feedback negativi. Ci troviamo in una situazione in cui finiamo per rafforzare le letture peggiori che possiamo fornire dei nostri stimoli quotidiani. Si crea un circolo vizioso, e non deve essere così.

Esiste un ciclo di feedback positivo. Puoi scegliere di capovolgere il copione. Puoi scegliere di creare una spirale verso l'alto invece che verso il basso. Tuttavia è una scelta, ed esercitarla per sapere quando e come farlo, richiede uno sforzo. Ti capiterà di osservare i ripetuti fallimenti finché non diventerai bravo, ma devi farlo, altrimenti ti ritroverai con un ciclo di feedback negativo. È così che la timidezza si radica.

Ecco come funziona normalmente. Ti concentri sulla lettura negativa del feedback.

Ad esempio, parlando con una persona del sesso opposto, qualunque cosa dica, ti sembra diretta contro di te, quindi, dai la peggiore lettura negativa in assoluto. Lo interpreti come una condanna o rifiuto di chi sei come persona. Ti senti completamente poco attraente, indesiderato, non amabile, ecc. .

Oppure, ti senti timido perché non vuoi stare con altre persone, a causa della reazione che potresti avere. Questo può accadere ad un evento sociale, oppure andando a bere una birra guardando tutti gli altri che si divertono. Questo, sfortunatamente, attira feedback negativi. Beh, almeno pensi che siano negativi. Quindi lo interpreti di nuovo nel modo peggiore, il processo si ripete e finisci per scavare sempre più a fondo in un buco emotivo negativo.

Cosa pensi che accada alla tua timidezza in questo contesto? Diventa sempre più forte. Fondamentalmente, ti stai dicendo: "Questa è la prova oggettiva che le impostazioni sociali sono negative e mi causano dolore, mi fanno sentire non amato, mi fanno sentire indesiderato e le persone non possono accettarmi, c'è qualcosa che non va in me" e così via.

Ci sono buone notizie. Non devi farlo. Non devi essere bloccato in quel ciclo di feedback negativo.

Suggerimenti per superare la timidezza

La timidezza può davvero trattenere molte persone, perché i timidi tendono a stare lontano dal parlare e dalle situazioni pubbliche e un po' perché sperimentano sempre un'ansia duratura. Se sei uno di questi, mantieni la calma e sappi che non sei solo perché 4 persone su dieci si considerano timide. Tuttavia, ecco la parte buona, puoi vincere la timidezza con la voglia di cambiare, con lo sforzo e il tempo c'è la possibilità di avere successo. Se hai una forte timidezza, potresti aver bisogno dell'aiuto di un consulente o di un terapista, sebbene la maggior parte delle persone sia in grado di superare la timidezza da sola.

Tienilo sempre leggero

In una situazione in cui le persone parlano della tua timidezza, lascia che il tuo tono rimanga informale e parlane allegramente.

Non dire

Non è necessario che tu racconti la tua timidezza a nessuno. Le persone intorno a te lo sanno già e ce ne sono altre che non avranno nemmeno la possibilità di accorgersene. E non è così evidente come potresti forse pensare.

Evita sempre l'etichetta

Non permettere a te stesso di essere descritto come timido. Non sei un singolo tratto, ma sei unico. Non etichettarti come timido o come qualsiasi altra cosa.

Evita l'auto-sabotaggio

A volte tendiamo ad essere il nostro nemico. Analizza sempre il potere di quella voce in modo da poterla calmare. Non permettere al tuo critico interiore di abbatterti.

Scegli sempre le tue relazioni con cautela

Le persone timide tendono ad avere poche relazioni ,ma che sono più profonde, il che significa che la scelta del partner o dell'amico è sempre più importante. Trascorri sempre del tempo con persone che ti incoraggiano nella tua vita e sono cordiali e reattive.

Capitolo 7. Linguaggio del corpo

La tua lingua parlata non è l'unico modo in cui puoi esprimerti. Il linguaggio del corpo è un linguaggio che tutti parlano, è universale. Sia che tu non riesca a controllarti perché sei felice o il tuo corpo mostra che ti senti triste, il linguaggio del corpo è un indizio molto importante da seguire per gli altri. L'importanza del linguaggio del corpo viene spesso trascurata perché può essere una forma di comunicazione molto sottile. Il più delle volte, probabilmente non sei nemmeno a conoscenza del tuo linguaggio del corpo. In questo capitolo daremo uno sguardo ai diversi modi in cui puoi esprimerti usando il tuo corpo, le espressioni facciali e i gesti delle mani. Imparerai come le persone ti percepiscono e come puoi interpretarle.

Il linguaggio del corpo proviene da qualcosa di più del tuo corpo. Può anche essere osservato da quanto (o quanto poco) usi le mani mentre parli, dal modo in cui ti alzi e dalle espressioni che abbini a ciò che stai dicendo o reagendo. Sappi che probabilmente altre persone noteranno il tuo linguaggio del corpo prima di te. È il modo in cui ti presenti agli altri. Per questo motivo la consapevolezza è importante. Se ti senti costantemente a disagio, ma sembra che tu abbia già padroneggiato le capacità di conversazione, potrebbe esserci una divisione tra ciò che stai dicendo e ciò che stai interpretando.

Lavorando dall'alto verso il basso, pensa al modo in cui le tue sopracciglia possono controllare una conversazione. Potresti aver pensato che le tue sopracciglia non fossero importanti prima, ma in realtà hanno molto controllo sulle tue espressioni facciali nel loro complesso. Le sopracciglia alzate possono indicare scetticismo o sorpresa. Una fronte corrugata può mostrare tristezza o delusione. Un leggero sollevamento potrebbe significare che ti senti felice o in pace. Ci sono tanti modi diversi in cui le tue sopracciglia possono corrispondere alla conversazione che stai avendo.

Sii consapevole del modo in cui li tieni perché possono far capire all'altra persona come ti senti.

Direttamente sotto le sopracciglia, i tuoi occhi possono dire molto di te. Quando rifiuti di stabilire un contatto visivo con qualcuno con cui stai parlando, pensa al modo in cui questo verrà interpretato. Potrebbero prenderlo come un segno che non sei interessato o che non rispetti ciò che hanno da dire. Anche se nessuna di queste cose è vera e potresti essere nervoso, evitare del tutto il contatto visivo è uno dei più grandi errori sociali che puoi fare. Anche se non riesci a mantenere un contatto visivo costante e diretto, dovresti comunque provare a fare uno sforzo per arrivare in pochi istanti dove i tuoi occhi incontrano quelli dell'altra persona. Lavorare su questo ti permetterà di migliorare nel tempo.

La bocca è probabilmente la parte più importante del tuo corpo quando si tratta di comunicazione, e questo non include nemmeno il fatto che questo è il modo in cui parli. Pensa al potere dietro un sorriso. Questo può trasformare una conversazione da intimidatoria a confortevole. Se ti senti felice, fallo sapere all'altra persona. Sorridi loro e, se non hai voglia di sorridere, fai del tuo meglio per mantenere la bocca rilassata e leggermente rivolta verso l'alto. Se ti senti turbato, non puoi fare a meno di aggrottare la fronte o fare una smorfia. Ma se ti senti bene, sappi che la tua bocca dovrebbe corrispondere. Esercitati a parlare davanti a uno specchio per lavorare sul tuo carisma. Parla di una serie di argomenti diversi. Puoi davvero prestare attenzione alle tue espressioni facciali in questo modo.

La tua postura viene dopo. Che tu ci creda o no, il modo in cui ti trovi può dire molto su come ti senti. Una regola generale è mantenere la postura aperta e rilassata quando parli con qualcuno. Affronta la persona direttamente, mantieni il contatto visivo e tieni le braccia lungo i fianchi. L'indicazione principale che sei infelice o a disagio deriva dall'incrociare le braccia sul petto. Le braccia incrociate sono il simbolo universale per non essere contenti. Anche se ti senti perfettamente a tuo agio, potresti comunque avere l'abitudine di farlo. Lavora sui modi in cui puoi sentirti a tuo agio senza incrociare le braccia. Appoggiati a una superficie se necessario, ma assicurati di essere ancora di fronte alla persona con cui stai parlando.

Come accennato, il modo in cui tieni le braccia è importante per la sensazione generale della conversazione. Comprensibilmente, agitarsi o incrociare le braccia potrebbe accadere naturalmente come meccanismo di difesa. Se non sei ancora bravo a conversare, probabilmente ti faranno comunque sentire nervoso. L'agitazione può essere fonte di distrazione e, anche se potresti esprimere chiaramente le tue parole, l'altra persona potrebbe non essere in grado di cogliere ciò che stai dicendo se continui ad agitarti. Quando sai che ti troverai in un contesto sociale, spendi quell'energia nervosa prima del tempo se puoi, in questo modo non ti agiterai nel bel mezzo della conversazione. Impara a sentirti a tuo agio con l'idea di tenere le braccia non incrociate e rilassate mentre parli.

I gesti delle mani possono essere un'ottima aggiunta a una conversazione una volta che ne hai preso la mano. Possono essere usati per aggiungere qualcosa a ciò che stai cercando di dire. Parlare con le mani è un modo animato per rafforzare ulteriormente il tuo punto di vista. Che tu sia eccitato o che tu stia nominando le cose da un elenco, le tue mani potrebbero naturalmente far comprendere le parole che stai dicendo. Finché non ti agiti, esplora questi gesti delle mani e consenti che ciò accada. Muovere le mani è naturale e se possono aiutarti a esprimerti, sono una grande abilità sociale da assumere. Non pensare di dover usare i gesti delle mani, perché può diventare imbarazzante. Usali se ne senti il bisogno, ma in caso contrario puoi conservarli per quando ti sentirai più a tuo agio.

Le gambe sono l'ultimo aspetto del linguaggio del corpo di cui essere consapevoli. Non c'è molto che puoi fare con le gambe durante una conversazione e non c'è molto che devi fare. Se vuoi sembrare sicuro di te, resta fermo. Non è necessario camminare o muoversi quando l'altra persona non sta facendo la stessa cosa. Prendi in considerazione i loro segnali sociali mentre parli con loro. Muovere le gambe e i piedi ti fa solo sentire sempre più a disagio anche se è un altro meccanismo di difesa. Fai del tuo meglio per sentirti a tuo agio stando fermo.

Considera che il tuo linguaggio del corpo potrebbe essere diverso quando sei seduto rispetto a quando sei in piedi. Gli stessi principi di base si applicano ancora, ma ci sono alcune cose aggiuntive di cui tenere conto. Se sei seduto a un tavolo con qualcuno, è considerato scortese appoggiare i gomiti sul tavolo. Se hai bisogno di mettere qualcosa sul tavolo, appoggia solo le mani. Soprattutto se ti trovi in un ambiente in cui mangeresti, avere i gomiti sul tavolo è un segno di mancanza di rispetto. Siediti alto e dritto, anche qualsiasi tipo di piegamento o inclinazione può sembrare scortese. Il contatto visivo potrebbe essere più facile da mantenere a tavola perché potresti parlare con più di una persona alla volta. Dividi equamente il tuo contatto visivo, girandoti leggermente verso il destinatario ogni volta.

Pensa al modo in cui saluti qualcuno la prima volta che lo incontri. Stai davanti a loro e saluti o gli stringi la mano? In generale, una stretta di mano indica che sei rispettoso e fiducioso. Lavora sulla tua stretta di mano, assicurandoti che non sia troppo lenta ma anche non troppo ferma. Stabilisci un contatto visivo durante la stretta di mano e non dimenticare di sorridere. Questa è la prima impressione e sai quanto sia importante fare una prima impressione positiva. Tratta come vorresti essere trattato, fornendo all'altra persona un atteggiamento caloroso e invitante.

Sembra che ci sia così tanto da ricordare quando si tratta di linguaggio del corpo, ma non è difficile quando presti attenzione ai segnali che il tuo corpo fa naturalmente. È probabile che tu abbia già i tuoi tratti fisici di cui non sei ancora pienamente consapevole. Finché hai questa base, puoi migliorarla. Prendi nota del modo in cui ti presenti mentre parli con altre persone e chiediti cosa puoi fare per migliorare ulteriormente l'interazione. Pratica i suggerimenti di cui sopra per diventare bravo nel modo in cui mostri il tuo linguaggio del corpo.

Applicazione pratica

Imparare nuove abilità è fantastico, ma essere in grado di applicarle alla tua vita reale è ancora meglio. Questo è l'obiettivo con la guida. Non solo dovresti mantenere questi concetti, ma dovresti essere in grado di trovare modi per incorporare i suggerimenti nella tua vita. Per lavorare sulle tue capacità di linguaggio del corpo, inizia con l'osservazione. Questo è uno dei modi migliori per imparare a migliorare in qualcosa. Non solo dovresti osservare il tuo comportamento, ma prestare attenzione ai modi in cui le altre persone esprimono il proprio linguaggio del corpo. Ora che hai familiarità con tutti i diversi movimenti, puoi dare un'occhiata al modo in cui gli altri si mostrano. È probabile che imparerai molto da questa semplice osservazione.

Pensa alle persone più carismatiche che conosci. I tratti che mostrano saranno un ottimo punto di partenza per modellare il tuo comportamento. Presta attenzione a come mostrano il loro linguaggio del corpo. Cosa fanno che ti porta a credere che eccellono nella comunicazione? Per iniziare, l'osservazione è tutto ciò che devi veramente fare per comprendere le pratiche del linguaggio del corpo e applicarle alla tua vita. Più conosci i vari segnali sociali, più sarai in grado di modellare il tuo comportamento per adattarlo allo stato d'animo specifico di ogni conversazione che avrai.

Anche esercitarsi in piedi davanti allo specchio mentre reciti un discorso è un ottimo modo per osservare te stesso. In piedi davanti a uno specchio, leggi un pezzo di letteratura che ti impiega almeno un minuto o più. Guarda il modo in cui stai in piedi e cosa dice il tuo linguaggio del corpo. A volte, essere in grado di vedere esattamente cosa devi correggere può aiutarti a farlo più facilmente. Qualcosa nella tua posizione sembra imbarazzante? Ti stai ricordando di stabilire un contatto visivo occasionale? Tutte queste piccole cose contano e costituiscono il quadro generale della comunicazione del linguaggio del corpo.

Il prossimo passo che dovresti fare è avere conversazioni con amici o persone care a cui sei molto vicino. Mentre applichi i principi che hai imparato, assicurati di usare con successo il tuo linguaggio del corpo per trasmettere ciò che stai cercando di dire. Spesso è più facile praticare nuove abilità sociali su coloro che conosci, che provarle per la prima volta su estranei. Quando permetti a te stesso di acquisire sicurezza nel tempo, avrai meno incontri che ti lasceranno imbarazzato o insicuro di te stesso.

Un concetto interessante su come diventare bravi a leggere il linguaggio del corpo degli altri è che puoi effettivamente iniziare a notare quando le persone ti mentono. Quando le persone mentono, il loro linguaggio del corpo è normalmente un "regalo morto". Il contatto visivo diventa instabile, forse inesistente. Se noti che qualcuno distoglie spesso lo sguardo da te durante una conversazione, questo potrebbe essere un segno di colpa o nervosismo. Prendendo in considerazione questo, puoi capire perché è importante che tu rimanga consapevole dei tuoi livelli di contatto visivo perché possono essere fraintesi. Cambiare frequentemente posizione può anche essere un'indicazione che viene detta una bugia. Le bugie generalmente mettono le persone a disagio, che se ne rendano conto o no. Una persona che sta mentendo avrà probabilmente difficoltà a stare ferma.

L'intenzione dietro le parole che vengono dette è amplificata dal modo in cui le abbini al linguaggio del corpo. Se vuoi che qualcuno sappia che ci tieni a lui, dovresti esprimerlo in più di un modo. Con le parole che dici e le azioni che esegui, ti sentirai più a tuo agio con questo tipo di espressione. Se ti senti arrabbiato con qualcuno, puoi anche applicare gli stessi concetti associando il tuo linguaggio verbale al linguaggio del corpo. Non devi sempre censurarti per far sentire gli altri più a loro agio. Se stai veramente lottando, hai il diritto di farlo sapere alla persona con cui stai parlando.

Il linguaggio del corpo può aiutarti a esprimere le emozioni esatte che stai provando. Una lotta comune con le abilità sociali è la sensazione di non sapere cosa dire o fare. Utilizzando il linguaggio del corpo, ti stai dando più opzioni. Quando hai questi modi per esprimerti, è meno probabile che rimanga bloccato senza sapere come continuare la conversazione. Ascolta come ti senti veramente e lascia che l'espressione si formi da lì. Sii chiaro con ciò che devi esprimere e dedica qualche istante a pensare a come vorresti che gli altri ti percepissero.

Un ottimo trucco da utilizzare è il trucco del "rispecchio". Mentre esplori i diversi modi in cui puoi esprimerti, potresti aver bisogno di un po' di pratica prima di sentirti completamente a tuo agio. In momenti come questi, diventa effettivamente utile rispecchiare semplicemente l'energia e il linguaggio del corpo dell'altra persona. Se qualcuno è in piedi apertamente di fronte a te e sorride, puoi fare lo stesso. Questo è un ottimo suggerimento da utilizzare che ti manterrà in pista durante le conversazioni. Se non sei sicuro di come sentirti o agire, dai un'occhiata a quello che sta facendo l'altra persona e fai del tuo meglio per cercare di metterti in relazione con questo. Le tue abilità empatiche torneranno utili in queste situazioni

Rispecchiare non solo può aiutare a metterti a tuo agio quando non sai cosa dire o fare, ma può anche mettere a proprio agio l'altra persona. Può essere snervante spiegare te stesso, non importa quanto ti senti a tuo agio con la socializzazione, rispecchiare fornisce un senso di conoscenza, la sensazione che non siano necessarie ulteriori spiegazioni. Questo è uno strumento potente che rafforza il tuo legame con la persona opposta. Quando si sentono come se fossero sulla stessa frequenza, si sentiranno naturalmente più a loro agio a parlare con te. Questo è l'inizio di un grande rapporto sociale. Ogni volta che parlerai con questa persona, sarai in grado di accrescere ancora di più il tuo legame.

Dando uno sguardo all'altro lato della tecnica del "rispecchiarsi", se noti che qualcuno ti sta rispecchiando, significa che la tua energia è forte. Questa è un'ottima cosa perché l'altra persona sta riconoscendo che sembri a tuo agio e fiducioso nella conversazione. Quando gli altri ti rispecchiano, è un segno di rispetto. Mostra anche che sono interessati a chi sei come persona e cosa hai da dire. Sentire di avere il sopravvento in questo modo può essere un grande aumento di fiducia, specialmente quando non eri sicuro delle tue abilità sociali per iniziare.

Quando parli con qualcuno, è importante che tu sia consapevole dello spazio personale. Un modo per mettere qualcuno a disagio durante una conversazione è stare troppo vicino a lui. Anche se potresti non farlo intenzionalmente, di solito puoi capire dal linguaggio del corpo di una persona se sente che il suo spazio personale è stato intromesso. Se stai conversando e noti che la persona sta facendo marcia indietro, non chiudere più la distanza. Questo linguaggio del corpo suggerisce che potrebbero aver bisogno di più spazio. Quando qualcuno fa questo, non significa che hai fatto qualcosa di sbagliato. Abbiamo tutti confini diversi quando si tratta del nostro spazio personale.

Allo stesso modo in cui devi essere consapevole dello spazio personale degli altri, assicurati di essere a tuo agio nel tuo. Rimanere indietro può essere un modo utile per inviare un suggerimento che ti serve più spazio. Puoi anche usare oggetti per creare più distanza da te, come un tavolo. È comprensibile che il tuo spazio personale sia importante per te perché può davvero influire sulla tua capacità di socializzare. Non sentirti strano o in colpa se ne hai bisogno di più della persona media. I tuoi sentimenti in merito sono validi e spetta a te stabilire i confini sociali.

Ora sai che il linguaggio del corpo è di per sé un altro linguaggio. È un modo per essere espressivi senza nemmeno dire una parola. L'utilizzo di segnali chiari del linguaggio del corpo può davvero aiutarti nelle situazioni sociali. Possono portare le cose al livello successivo e farti sembrare più interessato e coinvolto. Non dimenticare il tuo linguaggio del corpo mentre socializzi con gli altri e non dimenticare di osservare il linguaggio del corpo della persona o delle persone con cui stai interagendo. Entrambi saranno utili per aiutarti ad avere successo nelle situazioni sociali.

Se le interazioni sociali in passato non sono andate bene come speravi, probabilmente stavi dimenticando di essere consapevole del tuo linguaggio del corpo. Esercitati davanti allo specchio quanto ti serve, finché non ti senti sicuro delle tue capacità. Non esiste un periodo prefissato per stabilire quanto tempo ci vuole per padroneggiare l'arte di diventare bravo nell'uso del linguaggio del corpo. Proprio come qualsiasi altra abilità sociale che svilupperai, la pratica è ciò che ti porterà al livello successivo di comunicazione. Il momento migliore per iniziare a utilizzare queste abilità è adesso, non c'è bisogno di aspettare che tutto sia perfetto, perché la perfezione non esiste. La socializzazione è soggettiva e non sai mai in che tipo di conversazioni ti ritroverai a far parte. Il modo migliore per imparare è fare.

Capitolo 8. Migliorare le tue tecniche di conversazione

Ci sono molti fattori che possono contribuire ad aiutare a migliorare la propria vita sociale. In parte sono le tue capacità di conversazione. Poiché migliorare le tue abilità sociali implica essere in grado di comunicare in modo efficace con gli altri, è importante prendere le misure necessarie per assicurarti di avere tecniche di conversazione di alto livello.

Le tue capacità di conversazione sono così importanti perché servono come fondamento di molte relazioni che creerai. Che si tratti di una relazione romantica o professionale, la capacità di comunicare in modo efficace aiuta a impostare il corso di tale relazione.

In questo capitolo vengono discusse le abilità di conversazione che possono attirare le persone a te. Oltre a questo, possono aiutare a impostare la conversazione nella giusta direzione in modo che quando inizia, puoi mantenere lo slancio con facilità.

Consenti alle persone di spiegarsi

Non sentirti sotto pressione per essere d'accordo con tutto ciò che qualcuno dice, specialmente quando non lo capisci. Dai alle persone la possibilità di fare chiarezza. Di conseguenza, puoi dire cose come: "Cosa significa ...?" ecc. . Puoi anche provare a capire le persone da varie angolazioni. Ad esempio chiedere, perché ti piace Nissan e non Toyota? Il tipo di risposta che riceverai ti darà una visione profonda della personalità della persona. Inoltre, potrebbe aiutare ad alleggerire un po' l'atmosfera.

Non essere troppo desideroso di parlare

L'impulso di rispondere dopo che qualcuno ha finito di parlare può essere molto forte. Tuttavia, un buon modo per dimostrare che sei coinvolto nella conversazione è consentire un momento di silenzio prima di rispondere, e un secondo è tutto ciò di cui hai bisogno. Non dovresti essere così ansioso di parlare da intervenire subito dopo che la persona ha finito. Oltre a darti la possibilità di raccogliere i tuoi pensieri, mostrerai all'altra parte che stai riflettendo su ciò che è stato detto.

Sii pronto ad ammettere quando non sei sicuro al 100%

È piuttosto vitale quando non si sanno tutti i fatti. Non ha senso parlare come se sapessi cosa stai dicendo. Un modo semplice per coltivare la fiducia e guadagnare credibilità con gli altri è far sapere alle persone che non sei completamente sicuro di quello che stai dicendo. In questo modo, le persone inconsciamente crederanno e accetteranno ciò che dici quando sarai sicuro di te stesso. Questo è un modo semplice per costruire un'amicizia di qualità e un ottimo rapporto.

Inizia la conversazione con i complimenti

Abbiamo rivelato che fare complimenti è un ottimo modo per migliorare le abilità sociali. Il fatto è che i complimenti fanno molto di più. Hai messo gli occhi su qualcuno ma non ti senti sicuro di quello che puoi dire per avviare una conversazione? Con i complimenti, hai la linea di apertura perfetta, che alleggerirà l'atmosfera per ulteriori discussioni. Le persone amano sentirsi bene con sé stesse, e offrire un complimento è un modo fantastico per farlo.

A differenza di offrire un complimento generico, consigliamo di essere specifici. Ad esempio, invece di dire che qualcuno è ben vestito, potresti apprezzare i suoi capelli o il modo in cui sorride. Non è solo specifico ma lusinghiero e offre l'opportunità di avere qualcosa di cui parlare.

Stai tranquillo con le chiacchiere

Molte persone, soprattutto quelle con scarse capacità sociali, trovano snervanti le chiacchiere. Anche se potrebbe non essere quello che vuoi, è importante. Le chiacchiere sono molto importanti e la parte migliore è che puoi parlare di qualsiasi cosa. Potrebbe essere il tempo, la velocità del treno, il bellissimo terreno o il luogo dell'evento. La parte migliore di questo è che chiunque può relazionarsi con le chiacchiere. Tuttavia, l'obiettivo è quello di riuscire a chiacchierare e avere una conversazione significativa. Il punto successivo fa luce su questo.

Fare domande

Fare la domanda è l'interruttore che può cambiare il ritmo della tua conversazione da chiacchiere a conversazioni reali, profonde e riflessive. Questo, comunque, è diverso dal cambiare improvvisamente la conversazione. Devi cercare l'opportunità perfetta prima di farlo o sembrerai scortese. Ciò richiede di prestare attenzione alla conversazione. Quando lo fai, puoi porre domande che produrranno una conversazione significativa. Allo stesso modo in cui l'olio motore funge da lubrificante e consente a un veicolo di muoversi senza problemi, le domande sono il lubrificante di qualsiasi conversazione. Assicurati di essere curioso e cerca sempre opportunità per porre domande.

Mantieni la tua conversazione semplice

Le persone cercheranno di evitarti se tutto ciò che fai è lamentarti di quanto odi il tuo lavoro o il tuo coniuge. Bisogna mantenere la conversazione leggera e accessibile. Anche se sei a corto di cose da dire, questa non è un motivo per lamentarti di tutte le cose che vanno male nella tua vita. Assicurati di essere armato di un paio di barzellette prima di tentare di avviare la conversazione.

Sviluppare la tua arte della conversazione è fondamentale per migliorare le tue abilità sociali. I suggerimenti sopra ti daranno una direzione su come sviluppare le tue capacità di conversazione. Se migliori le tue capacità di conversazione, sei un passo più vicino a migliorare le tue abilità sociali. Tutto quello che devi fare è tenere a mente questi punti e fare pratica. Non migliorerai dall'oggi al domani, ma sicuramente migliorerai.

Poiché abbiamo stabilito varie tecniche di conversazione, la prossima sezione farà luce su modi semplici e pratici per avere una conversazione sicura con uno sconosciuto.

Come parlare con gli estranei con sicurezza

Molte persone non apprezzano le attività sociali. Piuttosto, hanno questa falsa convinzione che le attività solitarie siano migliori. Questo è il motivo per cui la maggior parte delle persone preferisce controllare i propri telefoni, esaminare i social media e leggere piuttosto che uscire e socializzare. L'idea di entrare in contatto con uno sconosciuto non sembra un'attività piacevole. Invece, oltre ad essere un'attività piacevole, ci sono molti vantaggi nel parlare con uno sconosciuto. Molte persone crescono con dei genitori che ripetono di evitare di parlare con gli estranei.

Se conosci già molte persone, potresti non avere problemi. Se, tuttavia, non hai molti amici, ad esempio quando sei in un posto nuovo, sviluppare la tua capacità di parlare con estranei potrebbe essere immensamente gratificante. La buona notizia è che parlare con estranei non è così difficile come sembra. La parte più difficile è iniziare. Una volta iniziato, il resto diventa una passeggiata. Inoltre, con il tempo, facendo pratica, diventa parte di te, dandoti la possibilità di lavorare e migliorare le tue abilità sociali.

Prima di approfondire i passaggi pratici su come parlare con estranei, è importante sottolineare che hai bisogno di un cambiamento di mentalità. In altre parole, non tutti vogliono ascoltarti. Tenendo presente quanto sopra, ecco alcuni modi pratici per parlare con uno sconosciuto:

Preparati a iniziare un contatto

Sei fuori per migliorare le tue abilità sociali. Devi metterti in gioco e capire che non ti farà male. Di conseguenza, non aspettare che qualcuno ti si avvicini per iniziare una conversazione. Entrare in un contesto sociale e sedersi da soli sperando che qualcuno venga da te, non ti porterà da nessuna parte. Non è un grosso problema fare la prima mossa, anche se ogni fibra del tuo essere potrebbe gridare contro di essa. Si spera che gli altri punti di questa sezione ti mostrino che questo non è così spaventoso come pensi. Assicurati di uscire dalla tua zona di comfort e socializzare.

Mettiti comodo e sorridente

Avvicinarsi a qualcuno che non conosci potrebbe essere snervante. Tuttavia, un approccio infallibile è indossare un sorriso. Con un sorriso rilassi i nervi e metti a suo agio anche l'altra persona. Questo perché sorridere è come dichiarare che vieni in pace e non intendi fare del male. L'altra persona sarà sicuramente interessata a ciò che hai da offrire, mentre il sorriso ti farà sentire positivo. Inoltre, c'è un'alta tendenza che l'altra persona ricambierà il tuo sorriso. Con questo, hai creato una base positiva per un'interazione fruttuosa. Quindi, anche prima di pronunciare una parola, hai già conquistato la persona!

Cerca le somiglianze

Come abbiamo dichiarato in precedenza, la parte più noiosa è iniziare. Questo è il motivo per cui devi armarti di un sorriso come consigliato in precedenza. Con l'umore positivo impostato, è necessario cercare somiglianze e costruire su di esse. Con le somiglianze, c'è un'alta tendenza a costruire un rapporto e stabilire una connessione. Questo metterà a suo agio l'altra parte, incoraggiandola ad aprirsi. Non hai bisogno di tormentare troppo il cervello prima di trovare qualcosa di cui parlare. Se sei a una cena e stai bevendo lo stesso tipo di vino di qualcun altro, chiedi loro perché hanno scelto il vino. Se sei a una riunione, ad esempio, puoi presentarti e chiedere se questa è la loro prima volta alla festa.

Mettiti comodo nel chiamare il nome delle persone e il tuo

Uno dei modi più semplici per stabilire un legame con uno sconosciuto è chiamarlo per nome. C'è questa sensazione speciale che arriva quando le persone ascoltano il loro nome. Significa che sei coinvolto nella conversazione e concentrato su di loro. Assicurati di trovare anche un modo per menzionare il tuo nome durante la conversazione. Evita l'imbarazzo di dover chiedere nuovamente i nomi durante l'incontro. Non sorprende che le parti coinvolte possano facilmente dimenticare i loro nomi in un'introduzione affrettata.

Dai la priorità al dialogo con i gruppi

Parlare con una persona sola come te potrebbe essere più facile. Lo svantaggio, tuttavia, è che è molto più facile rimanere senza argomenti di discussione, lasciando il posto al silenzio imbarazzante. Questo è il motivo per cui ti consigliamo di parlare con un gruppo di persone. È più facile mantenere la conversazione fluida quando sei in gruppi di tre o più poiché ci sono più persone che possono contribuire alla conversazione. Inoltre, parlare con un gruppo elimina la paura di restare bloccato con una sola persona per tutto il tempo.

Incoraggia le persone a parlare di sé stesse e a condividere informazioni su di te

Alla gente piace essere al centro dell'attenzione. Ci fa sentire bene con noi stessi e con i nostri risultati. Ecco perché il miglior argomento di conversazione che puoi avere con chiunque, riguarda sé stessi. Quindi, anche se potresti non avere un argomento interessante di cui parlare, chiedi alle persone di parlarti di loro. Da lì, puoi scegliere somiglianze o scoprire altri argomenti interessanti di cui parlare. Sii interessato a dove sono cresciuti, cosa fanno per vivere, dove sono andati all'università, i loro hobby, ecc. Incoraggiando le persone a parlare dei loro interessi, puoi ottenere informazioni sulla personalità della persona. Non devi soltanto chiedere alle persone di sé stesse, dovresti anche fornire informazioni su di te, altrimenti rischi di sembrare indiscreto. Fornire informazioni su di te, come interessi, hobby, ecc., potrebbe spingere l'altra persona a condividere informazioni su di essa.

Come appare evidente, parlare con estranei non è così difficile come sembra, anche se all'inizio può essere scoraggiante. Armarsi con i suggerimenti consigliati sopra sarà di enorme aiuto. Non aspettarti di essere un professionista dall'oggi al domani. Potrebbero esserci dei difetti, ma non rimproverarti e non usarli come scusa per tornare indietro al tuo guscio. Il fatto che tu possa uscire significa che stai facendo progressi. Migliorerai con il tempo!

Capitolo 9. Discorso

Il momento della verità

Il momento effettivo del discorso è il momento per esibirsi. Per alcuni questa parte è la parte più stressante del tenere un discorso. Questa è la realtà. Dopo aver preparato la bozza e essersi esercitati a parlare per un paio di volte, questo è il momento della verità. In questa parte, è molto importante mantenere la calma e concentrarsi su ciò che si sta per fare.

Consegna efficace

Per poter pronunciare in modo efficace il tuo discorso, devi apparire naturale di fronte al tuo pubblico. Evita di essere troppo rigido o di essere troppo instabile. Per essere più naturale e fiducioso, devi:

1. Agire normalmente

Tieni presente che il tuo discorso è come qualsiasi altra normale conversazione che puoi avere con qualsiasi altra persona. Un discorso è solo leggermente diverso perché molte persone ti stanno ascoltando tutte allo stesso tempo. Tuttavia, non devi essere nervoso per questo. Pensa a tutti come se fossero tuoi amici, sorridi e sii fiducioso. Se sei ben preparato, non c'è nulla di cui essere nervoso. Puoi immaginare tutti in mutande, se questo vecchio trucco funziona, allora fallo. Cerca di mantenere tutto il più normale possibile.

2. Sii entusiasta

Anche se sei tu a parlare, devi mostrare un po' di entusiasmo per l'argomento. Se i tuoi ascoltatori vedono che sei entusiasta nel parlare, allora potrebbero esserlo anche loro. Questo susciterà un certo interesse nel tuo pubblico e ti aiuterà a mantenere la loro attenzione per un periodo di tempo più lungo.

3. Sii fiducioso

Non pensare troppo a come appari, concentrati invece su ciò che dici. Non essere troppo consapevole di te stesso di fronte al tuo pubblico. Aumenterà solo il tuo nervosismo. Se non sei sicuro di te stesso, in che modo il tuo pubblico avrà fiducia in te e in quello che dici?

4. Mantieni un contatto corretto

Quando parli, non evitare il pubblico. Quello che dovresti fare è interagire con loro. Ricorda di mantenere il contatto visivo con tutti. Sposta la tua attenzione da una persona all'altra per vedere se tutti stanno ascoltando. Mantenere la concentrazione su una sola persona potrebbe metterla a disagio. Tuttavia, se ti limiti a fissare uno spazio vuoto, il tuo pubblico potrebbe non trovare il tuo discorso eccitante o interessante. Prova anche a usare un tono di voce amichevole. Non parlare ad alta voce o gridare. Puoi alzare la voce quando fai notare un fatto o un'idea importante. Ma durante il tuo discorso, dovresti cercare di parlare in modo calmo e amichevole. Inoltre, ricordati di sorridere quando puoi e di sorridere al pubblico. Se possibile, mettiti in un posto vicino al tuo pubblico. Questo creerà familiarità e un'aria confortevole intorno a te.

Metodi per pronunciare discorsi

Puoi pronunciare il tuo discorso in molti modi. In qualità di oratore, devi avere familiarità con i diversi metodi di parlare. Ma abbastanza presto puoi provare a sviluppare il tuo stile e il tuo approccio al parlare. Ecco i modi più comuni per tenere un discorso:

1. Manoscritto

Parlare con un manoscritto è il modo più semplice per fare un discorso pubblico. Hai solo bisogno di leggere un discorso preparato e sperare che tutto vada bene. La maggior parte delle persone fa così. Tuttavia, questo ti impedisce di mantenere il contatto visivo con il tuo pubblico, il che non è un bene. Puoi ancora provare ad avere un breve contatto visivo mentre leggi, ma gran parte della tua attenzione sarà concentrata sul foglio che stai leggendo. Questo ti impedisce anche di muovere il tuo corpo per mostrare un punto o mostrare convinzione. Poiché gran parte della tua attenzione è sul foglio che stai leggendo, non hai molta libertà di muoverti ed esprimerti.

Questo tipo di discorso, sebbene facile, può essere noioso per il pubblico. Ben presto, la loro attenzione si allontanerà da te e avrai difficoltà a riaverla. Tuttavia, ci sono modi in cui puoi ancora pronunciare un discorso efficace mentre leggi un manoscritto. Con abbastanza esperienza e pratica, puoi parlare di fronte a un pubblico senza che si annoi, anche durante la lettura di un manoscritto.

Se stai per leggere il tuo discorso, ecco alcune cose che devi fare:

- o Usa aiuti alla presentazione per mantenere l'attenzione del tuo pubblico.
- o Prenditi del tempo per leggere l'intero discorso e familiarizzare con esso. Questo ti aiuterà a evitare di balbettare e commettere errori, inoltre ti permetterà di avere un certo contatto visivo con i tuoi ascoltatori.
- o Usa uno stile di carattere che conosci e cerca di inserire ampi spazi tra ogni riga del tuo manoscritto. Questo ti permetterà di leggerlo con facilità ed evitare incomprensioni di parole o frasi.

2. Memoria

Trasmettere il tuo discorso a memoria è una cosa difficile da fare. Prima di tutto, se il tuo discorso è lungo, sarebbe difficile memorizzarlo tutto. In secondo luogo, a volte, durante il discorso vero e proprio, potresti dimenticare qualcosa di importante e finire per confondere il tuo pubblico. Tuttavia, pronunciare un discorso a memoria può farti sembrare più professionale. Se riesci a farlo correttamente, significa che hai impiegato del tempo per fare il tuo discorso e conosci i dettagli importanti che devono essere discussi. Certo, a volte, non puoi davvero fare a meno di dimenticare qualcosa, quindi è importante fare uno schema. Se hai memorizzato il tuo discorso, puoi portare con te questo schema mentre parli. Certo, non contiene tutto il tuo discorso, ma ha i punti chiave e le idee di cui vuoi parlare. Ma se sei ancora un po' insicuro, puoi portare con te il tuo manoscritto. Basta dare un'occhiata veloce quando dimentichi qualcosa. Ci sono ancora casi in cui vengono utilizzati discorsi memorizzati. Discorsi come questi sono comuni nei brindisi e nelle presentazioni in cui è sufficiente pronunciare poche brevi frasi.

Tenere un discorso a memoria presenta alcuni vantaggi:

- o Puoi mantenere il contatto visivo con il tuo pubblico e analizzi come pensano o reagiscono al tuo discorso.
- o Mantenere il contatto visivo è importante per mantenere un certo legame o connessione con il pubblico.
- o Puoi muoverti liberamente. Senza un pezzo di carta che assorbe la tua attenzione, puoi muoverti e interagire con il tuo pubblico. Puoi girare sul palco e muovere liberamente gli arti. Questo ti aiuterà a trasmettere le informazioni in modo più efficace.
- o Puoi esprimerti di più e variare il tono della tua voce. Puoi sorridere, aggrottare le sopracciglia o ridere quando ti concentri maggiormente sul pubblico. Proprio come avere la libertà di movimento, anche questo ti permetterà di esprimere il tuo messaggio in modo più efficace.

3. Improvvisare

Il parlare improvvisato è quando non sei pronto a fare un discorso, il che significa che devi improvvisare. Questo può accadere in molti luoghi, soprattutto nelle celebrazioni, dove ti verrà chiesto di fare un breve discorso per qualcuno. Oppure può accadere anche a scuola quando il tuo professore ti chiede di riassumere una lezione dal tuo libro. Quando parli improvvisamente, puoi essere impreparato, ma niente panico.

Ci sono cose che puoi fare per garantire un buon risultato al tuo discorso.

- o Fai un respiro profondo e concentrati sulla situazione. Se puoi, prova prima a fare un p 'di ricerca, ma se non puoi, concentrati solo su ciò che sai sull'argomento e su ciò che vorresti veramente dire al tuo pubblico.

- Su un pezzo di carta, scrivi l'idea chiave, le frasi o gli argomenti di cui vorresti parlare. Se puoi, disponili in un ordine preciso e usa uno schema semplice.

- Rimani concentrato sul tuo argomento. Non allontanarti cercando di parlare di altre cose, vai dritto al punto ed evita troppe parole.

- Non parlare troppo velocemente perché il tuo pubblico potrebbe non capirti. Invece, cerca di sembrare calmo e parla lentamente. Questo ti permetterà di raccogliere le tue idee mentre parli.

"Solitamente ci vogliono più di tre settimane per preparare un buon discorso improvvisato."

Mark Twain

Capitolo 10. Navigare in difficili situazioni sociali

Ci siamo passati tutti. C'è un evento in arrivo, e o devi essere lì per lavoro o per obblighi familiari, o perché hai semplicemente promesso che l'avresti fatto e non vuoi essere una persona che non mantiene la parola data. A volte solo la mescolanza della folla è una certa indicazione di acque agitate davanti a sé, altre volte è solo una persona che sembra suscitare disordini ovunque vada, ma alla fine della giornata, vuoi solo farcela. Che cosa si può fare?

In primo luogo, un concetto importante da iniziare a incorporare nella tua mentalità quotidiana è il fatto che le altre persone non hanno il controllo su di noi. Mentre è vero che gli altri sembrano avere il potere di innescare determinate reazioni ed emozioni dentro di noi, la verità reale è che, con sufficiente pratica, fiducia e presenza di spirito, possiamo essere quelli che hanno il controllo su sé stessi, comprese le reazioni emotive.

Potresti chiedere "Come posso non reagire quando qualcuno mi dice qualcosa di scortese, ipercritico o oltraggioso?" A questo diciamo pratica e compostezza. L'equilibrio non è solo una parola che evoca una sorta di facciata in stile hollywoodiano, e non si tratta di un vestito che si adatta bene, o della postura del corpo. L'equilibrio è mantenere la testa sotto pressione, riguarda la forza interiore di fronte alle avversità.

Per cominciare, inizia a capire il tuo potenziale di perdono. Il più grande diffusore di energia: il perdono. Quando perdoniamo, recuperiamo il nostro potere. Cosa succede quando non perdoniamo?

a) ci aggrappiamo all'emozione negativa che l'altra persona ha suscitato in noi, sia essa ferita, rabbia, giudizio, disgusto
b) rimandiamo quell'emozione al mittente e a chiunque ci circonda come danno collaterale. Ora stiamo diffondendo emozioni

negative a macchia d'olio! Questo sicuramente non ci farà guadagnare punti sul carisma, vero?

Se invece rimaniamo tranquilli quando l'altra persona fa un'affermazione offensiva o scatenante e diciamo semplicemente: "Va tutto bene", abbiamo dissipato quell'energia negativa. Siamo come un parafulmine che incanala la potenziale distruzione dell'elettricità in modo sicuro nel terreno, dove può essere dissipato e reso innocuo. Non solo ci stiamo influenzando con forza e calma, ma anche la nostra risposta può essere un esempio per chiunque altro intorno a noi, e forse incoraggiarlo a perdonare l'oratore incriminato.

È importante capire che altre persone potrebbero non possedere le stesse capacità, e se altri reagiscono negativamente all'oratore offensivo originale, è meglio passare con grazia ad acque più positive. Almeno non abbiamo permesso che la negatività ci colpisse direttamente, e la definirei una vittoria.

Altre frasi di perdono includono:

- Capisco.
- Ho tue notizie.
- Annotato (con voce positiva, poiché può anche sembrare sprezzante)
- Siamo tutti diversi, ovviamente.
- Hai assolutamente diritto alla tua opinione.
- Grazie per aver espresso la tua opinione.

Se la persona mette in dubbio la tua risposta, ad esempio "Davvero?" rispondi semplicemente con "Sì". Quindi forse scusati e passa a un altro gruppo di persone, o aspetta che qualcun altro riprenda la conversazione.

C'è una serie alternativa di risposte nel caso in cui qualcuno dice qualcosa che sai essere profondamente offensivo per una o più persone nella stanza. In caso di pregiudizio o odio, un individuo raro non proverà immediatamente un'emozione negativa in risposta. A questo punto il tuo compito è rifiutarti di aggiungere benzina al fuoco. Rifiuta di condonare le loro parole con un semplice "Non sono d'accordo" o "Non lo condividerei qui", e lascia che sia così. Potresti non essere in grado di convincere questa persona a smettere di parlare, ma almeno con coloro che ti circondano, hai preso tranquillamente la parte di essere contro i discorsi odiosi, senza contribuire all'energia distruttiva di chi parla. Rifiuta di impegnarti ulteriormente con loro.

L'accettazione ti dà libertà

Nessuno al mondo è perfetto, il che è una buona notizia, poiché ci dà libertà di credere che si può giudicare chiunque altro. Imparare ad accettare il fatto che le altre persone sono diverse da noi è una lezione importante e ci dà un grande potere personale quando raggiungiamo lo stato mentale di accettazione. Ciò che è ancora più importante è - casi estremi o istanze a parte - incontrare e parlare con qualcuno che è molto diverso da noi, ci dà una rara opportunità di espandere la nostra comprensione. Quando mettiamo da parte il giudizio e impariamo ad accettare le persone per quello che sono, apriamo le nostre menti a nuove informazioni e nuovi contesti, che spesso potremo usare in seguito quando affronteremo una nuova sfida.

Non perdere mai l'opportunità di imparare. Tutta la vita è un viaggio di consapevolezza e opportunità.

Impara a considerare i disaccordi come incomprensioni. Quando rimaniamo nello schema di "input apparentemente negativo = risposta emotiva", può essere incredibilmente difficile spostarsi da quel punto. Siamo bloccati in una posizione difensiva e nessuno si tirerà mai indietro per dire "Mi dispiace", semplicemente perché pensi che abbiano torto, o ti senti offeso dalle loro parole. Tutto ciò che sentiamo è emozione, e questo è ciò che stiamo restituendo. È un ciclo inutile e infinito e abbassa tutti i soggetti coinvolti invece di mostrare la propria fiducia e il proprio carisma.

Se ti prendi un momento e aspetti, ti concentri e rilasci quell'emozione negativa, potresti vedere la persona di fronte a te come unica, diversa, ma anche valida. Chiedi loro di spiegare cosa intendono. Cerca punti di somiglianza tra te e loro. Proponi le tue storie che potrebbero colmare il divario tra voi due. Rimarrai sorpreso dalla frequenza con cui una reazione non negativa fa sì che una conversazione diventi più forte, più neutra, e alla fine gratificante.

Avviare una conversazione difficile

Gli studi dimostrano che sul posto di lavoro, i dipendenti sono costretti a gestire i conflitti relativi a manager o colleghi circa 3 ore, almeno, a settimana. Ovviamente non è facile fare un ottimo lavoro se si è impantanati nell'emozione e nella negatività. Ciò che è ancora più preoccupante è che lo studio ha anche rivelato che più di un terzo di questi dipendenti ha lasciato il lavoro piuttosto che affrontare il conflitto. Come può questo problema essere gestito meglio, o addirittura gestito del tutto?

Solitamente si sa quando dovremmo avere una conversazione difficile con qualcuno, al lavoro, in famiglia o con un amico o un partner. Tuttavia, come affrontare con successo l'occasione? Avrai prima bisogno delle due cose su cui hai lavorato per coltivare un maggiore carisma: empatia e abilità sociali. Ci sarà molta navigazione per raggiungere una destinazione reciprocamente gradevole. Avrai bisogno anche di coraggio, che come ben sai non è l'assenza di paura, ma il riconoscimento di essa, quindi la scelta di andare avanti nonostante questo.

Prima di entrare in contatto con la conversazione, prepara un po' di esercizi mentali in anticipo. Chiediti "quale potrebbe essere il desiderio della persona e in che modo il suo comportamento sta causando questo problema?" Ancora più importante, chiediti "in che modo il loro problema comportamentale sta influenzando la (azienda, famiglia, la nostra relazione). Metti insieme i tuoi pensieri su queste due domande e prenditi tutto il tempo necessario per avere un focus centrale che desideri esplorare con la persona, altrimenti gran parte della conversazione iniziale riguarderà semplicemente la scoperta e, inevitabilmente, la difesa. Andrai su molte meno tangenti se hai una mappa mentale della strada da percorrere prima di entrare in contatto con la persona.

Sappi qual è il tuo obiettivo prima di entrare nella conversazione. Devi sapere cosa vuoi ottenere prima di iniziare a parlare, altrimenti la conversazione è destinata a diventare circolare e lasciare entrambe le parti irrimediabilmente frustrate. Ecco una lista di controllo che può aiutarti a organizzare i tuoi pensieri e obiettivi:

- Qual è il miglior risultato che potresti ottenere qui?
- C'è qualcosa di non negoziabile? Esercitati a esprimerlo in modo obiettivo.
- Pianifica come concludere con successo la conversazione.
- Quali passaggi di azione vuoi che vengano fuori da questo?
- Quale ruolo vuoi che l'altra persona svolga riguardo a questi passaggi d'azione?
- Sei disposto a sostenere l'altra persona dopo questa conversazione e quale supporto darai, in particolare?

Controlla il tuo atteggiamento alla porta prima che inizi la conversazione. Non sei a caccia e non sei qui per prendere di mira, devi affrontare questa conversazione con uno stato d'animo basato sull'indagine. Proprio come un medico dovrebbe avere un colloquio lungo e approfondito con il proprio paziente prima di decidere il trattamento, così dovresti ascoltare il punto di vista e l'esperienza dell'altra persona prima di arrivare a proporre un compromesso e una soluzione a qualsiasi problema si sia verificato. Anche se pensi di sapere esattamente qual è il problema, il rispetto per l'altra persona ti richiede di ascoltare i suoi pensieri. Potresti scoprire qualcosa che non avevi realizzato o a cui non avevi pensato in precedenza, e l'impressione che fai mostrando empatia e rispetto può fare molto per sanare eventuali crepe o divisioni che potrebbero essere esistite tra di voi.

Le emozioni, invece, sono una storia diversa. Non possiamo utilizzare correttamente l'empatia se spogliamo tutte le emozioni da noi stessi e le omettiamo dalla conversazione. Possiamo, tuttavia, rifiutarci di seguire una particolare direzione di quella che viene chiamata la "ruota delle emozioni". In questo particolare diagramma emotivo, il fastidio porta alla rabbia che porta alla rabbia e così via. Sapendo questo, possiamo riportare indietro la conversazione dall'altra parte. Se emozioni come la vergogna, la tristezza o il rimpianto portano alle lacrime nell'altra persona, queste non sono un segno di debolezza, sono un segno di emozione, e tutti noi proviamo emozioni, quindi non è nostro diritto giudicare la persona che le mostra. Consentire all'altro di manifestare le loro reazioni emotive ci mettono in un luogo di generosità e pazienza e ci inquadrano in una luce empatica.

Se l'altra persona ha un momento di esaurimento nervoso, dovremmo riconoscere che va tutto bene e concedere loro il tempo necessario per riprendersi e tornare alla conversazione. Se si verifica il silenzio, cavalcalo. Avere conversazioni difficili è, beh, difficile. Potremmo aver bisogno di tempo per raccogliere i nostri pensieri, e questo va bene. Dire cose rassicuranti come "Prenditi il tuo tempo" può fare molto per far sentire l'altra persona rispettata e al sicuro, e non sotto pressione. Quindi assicurati che il tuo linguaggio del corpo e il tono della voce non siano in contraddizione con le tue parole quando cerchi di essere rassicurante.

Non essere ipocrita. Non dare mai a una persona una serie di regole se altre persone non devono seguire le stesse regole. Se pensi di ingannare qualcuno ti sbagli, assicurati che su tutta la linea ciò che si applica a uno si applichi a tutti.

Insidie comuni che potremmo incontrare durante una conversazione difficile

Non tutti saranno a loro agio quando si affronta una conversazione difficile, indipendentemente da quanto siamo obiettivi, pazienti e calmi. Le persone a volte adottano una posizione difensiva a causa delle loro paure e insicurezze. Quando le persone sono in questa posizione e intrappolate in una mentalità di paura, possono utilizzare qualcosa chiamato "stratagemma contrastante". Presta attenzione a questi particolari e sii pronto a rispondere correttamente se si verificano:

- Ostruzionismo. Questa tecnica utilizzata da persone timorose e/o manipolatrici comporta la creazione di blocchi stradali a una conversazione, come mettere in dubbio la validità di ogni cosa che l'altra persona dice, rifiutarsi di rispondere alle domande e fare affermazioni generalizzate come "questo è ridicolo" o "io non posso credere che stia succedendo". Come disarmare questa tattica? Potresti dire: "Non sarò in grado di aiutarti se continui a creare blocchi stradali e voglio che questo venga risolto in un modo che ti metta a tuo agio. Sarà più facile per noi andare avanti se ci atteniamo all'argomento. Apprezzo se tu collaborerai".

- Sarcasmo. Un altro meccanismo di difesa che può essere riconosciuto dicendo: "So che questo è un argomento difficile, motivo per cui è meglio se entrambi manteniamo un tono neutro".
- Non rispondere. Potresti dire: "Non sono sicuro di come interpretare il tuo silenzio. Prenditi il tuo tempo, ma quando sarai in grado di esprimerti, sono qui per ascoltarti".

Presta attenzione a dove si svolge la conversazione

Il nome del gioco è territorio neutrale. Se stai parlando con un dipendente e sei un manager, il tuo ufficio non è il posto più adatto. Se sei un dipendente che parla con il capo, chiedi se esiste un luogo più discreto per parlare, come una sala conferenze o un salone. Se stai parlando con un partner, un amico o un familiare, suggerisci un luogo pubblico tranquillo come un bar. Ciò contribuirà a mantenere le emozioni sotto controllo, poiché la maggior parte delle persone non vuole esibirsi in un ambiente pubblico. Per quanto riguarda il linguaggio del corpo, ricordati di evitare i segnali negativi, come braccia incrociate, picchiettio o agitarsi, distogliere lo sguardo dalla persona o fissarla troppo a lungo. Se la persona con cui stai parlando sceglie di sedersi, dovrai sederti anche tu. Se preferiscono stare in piedi, hai la possibilità di evitare di farli sentire intimidatori sedendoti.

Avere un'idea di come iniziare la conversazione

Evita di sorprendere qualcuno avviando una conversazione senza preavviso. Cerca di trovare un momento e un luogo per parlare. Sii specifico su ciò di cui parlerai senza etichettarlo o essere accusatorio, ad esempio "Ehi, vorrei incontrarti per parlare di quello che è successo l'altro giorno nella riunione. A che ora va bene?" oppure "Dedichiamo un po' di tempo al futuro per chiarire alcune cose. Mi piacerebbe sentire la tua opinione. Perché non prendiamo un caffè?". Molti di noi rimandano queste conversazioni difficili perché non sanno come avviarle, ma con una preparazione e una riflessione sufficienti, possiamo iniziare queste conversazioni tanto necessarie e, si spera, scoprire alcune soluzioni a beneficio di tutte le persone coinvolte. Assicurati che il tuo tono di voce non trasmetta alcun suono di giudizio ma solo curiosità e scoperta.

Cosa fare se ci si avvicina a una situazione difficile

A volte ci troviamo dall'altra parte del tavolo. Forse siamo scivolati e abbiamo reagito in modo inappropriato alle critiche, interrompendo una riunione o uno sforzo di lavoro di gruppo. Per cominciare, in questo momento sono in gioco il tuo carisma e la tua reputazione, questo potrebbe farti desiderare di rivisitare quell'emozione di vergogna, ma ora non è il momento per la regressione. Morditi e non lasciare che la vergogna ti travolga, tutti commettono errori. Il modo in cui si elaborano questi errori separa i leader dagl'altri. Concedi alla persona con cui desideri parlare il tempo di elaborare e prepararsi. In altre parole, non tendere mai un'imboscata a qualcuno, non otterrai mai i risultati che desideri in questo modo a meno che i risultati che desideri non siano puramente negativi.

Come avvicinare il tuo capo con una preoccupazione

Cosa succede se hai un problema e sei tu a dover chiedere un incontro? Non agire per emozione. Aspetta di aver avuto il tempo di riflettere. Se la tua prima reazione è di andare sul sentiero di guerra, ti stai ponendo in una posizione pericolosa. Prenditi del tempo per valutare la situazione e cosa vuoi ottenere da un incontro con il tuo manager o capo. Un grande manager si metterà nei panni dei dipendenti allo scopo di comprendere, ma non tutti i manager sono bravi e i superiori sono spesso sovraccaricati di lavoro e dalla mancanza di tempo. Pertanto, anche se la tua preoccupazione riguarda strettamente te, come un aumento a cui pensavi di avere diritto, prenditi del tempo per inquadrare la tua preoccupazione nella prospettiva del gruppo di lavoro, della filiale, del dipartimento o dell'azienda.

Parla in modo logico, non emotivo. Se sei arrabbiato per non aver ricevuto un aumento, è un motivo valido, ma non inquadrare le tue domande in questo modo. Invece di dire "Sono arrabbiato per non aver ricevuto l'aumento, mi è stato detto che era una cosa sicura", dì invece "Mi dispiace dover parlare di questo con te, ma non ho ricevuto l'aumento che mi era stato assicurato sarebbe arrivato questo trimestre. Possiamo parlare del motivo per cui non è successo e cosa posso fare per supportarti mentre risolvi questo problema?". Fai sembrare che tu e il tuo capo facciate parte di una squadra. Su base giornaliera, potresti non dover mai andare oltre il tuo linguaggio e la tua prospettiva personali per portare a termine il tuo lavoro in modo soddisfacente, ma comprendi che i manager sono addestrati ad usare un vocabolario diverso e quando imitiamo quel vocabolario, li mettiamo più a loro agio. Alzati al loro livello per ottenere migliori risultati che ti aiuteranno a cancellare le barriere di classe e posizione, dimostrando che puoi utilizzare sia l'empatia che la ragione.

Parlare in modo critico in un forum pubblico

Anche i membri della stampa della Casa Bianca si innervosiscono in tali situazioni, quindi come dovresti gestire uno scenario in cui poni domande o dichiarazioni critiche in una grande azienda o in una riunione cittadina? Se suona scoraggiante, lo è, per tutti, dai professionisti ai dilettanti. Tuttavia, puoi smorzare la situazione con un po' di preparazione. Alzarsi in piedi e chiamare qualcosa di "sbagliato", "stupido", "idiota" o una "perdita di tempo" è il modo sbagliato di procedere. Dai alle persone la possibilità di ascoltare realmente quello che stai dicendo togliendogli tutte le emozioni. Parla in modo logico e calmo. Sappi che anche parlando in questo modo, potresti incontrare critiche, potenzialmente, e che le critiche potrebbero non essere costruttive o obiettive. Le persone spesso rispondono con rabbia quando si tratta di una visione che non condividono. Prometti a te stesso che manterrai il tuo senso di equilibrio e calma a prescindere.

Cerca di inquadrare la tua affermazione in un modo che riconosca la maggioranza. "Mi rendo conto che molti o la maggior parte di noi la pensano così (inquadrare l'argomento), tuttavia, voglio far luce su un possibile risultato che penso possa non essere nel migliore interesse della (città, comunità, organizzazione, azienda)". Non fermarti, continua con le soluzioni proposte che ritieni possano aiutare, quindi preparati ad ascoltare veramente ciò che le persone dicono mentre rispondono. Rispondi sempre alle loro risposte e/o domande con uno standard di riconoscimento di ciò che hanno detto, proponi eventualmente un'alternativa o un accordo.

Se mantieni la calma e rimani concentrato, potresti trovare più persone che vengono dalla tua parte e supportano il tuo pensiero.

Come gestire la perdita di un collaboratore, collega o pari
È qui che la meditazione quotidiana è eccezionalmente utile. Se vieni colpito dalla rabbia di un'altra persona, aspetta. Mantieni la tua azione e stabilisci te stesso mentre permetti alle emozioni di quella persona di viaggiare fuori e attraverso di te. È nella natura umana rispecchiare l'attacco, ma evitatelo a tutti i costi e cercate di rispondere in modo gentile. Per cominciare, non è necessario scusarsi subito o del tutto, a seconda dell'accusa o del commento. La prima cosa che devi fare è capire le basi di ciò di cui si sta parlando e la comprensione richiede una riflessione calma. Se l'altra persona è troppo presa dalle proprie emozioni per pensare chiaramente, elimina la confusione con un'osservazione rapida e neutra: "Ascolta. Non ho intenzione di scambiare insulti con te, questo non risolverà nulla. Sono pronto a discuterne quando sarai abbastanza calmo". Suggeriscigli di incontrarti un'altra volta per cercare di sistemare le cose.

L'altra persona può assolutamente rifiutare di incontrarsi un'altra volta, quindi spetterà a te andare avanti. Continua a neutralizzare le emozioni con le tue risposte. Se le dichiarazioni sono davvero sembrate come un attacco, puoi ammettere che "Non so ancora come rispondere, non me lo aspettavo. Quale dovrebbe essere il nostro prossimo passo?". Se, tuttavia, sai di avere torto, ammettilo immediatamente. Chiedi scusa e chiedi cosa puoi fare per aiutare se dopo le scuse la persona sembra calmarsi. Qualunque cosa tu faccia, non eludere o evitare conversazioni che devono avvenire. Ti stai allenando per essere più carismatico e di successo. Schivare situazioni difficili non è solo controintuitivo rispetto a tale obiettivo, ma ti fa perdere importanti opportunità di formazione intensiva che possono migliorare notevolmente il tuo livello di abilità.

Conclusioni

Se desideri goderti tutto ciò che la vita ha da offrire, migliorare le tue abilità sociali non è negoziabile. È ora che esca dal guscio che ti sei costruito a causa dell'ansia sociale, della timidezza e della mancanza di fiducia. Rimanere in questo guscio finirà solo per derubarti di tutta la bontà e le ricchezze che ci sono là fuori. C'è significato e senso nella vita quando viene goduta in compagnia di altri, e non in isolamento. Non è troppo tardi per sviluppare carisma e iniziare un contatto con quella ragazza che hai sempre guardato. Hai potenziale, non lasciare che la timidezza e la mancanza di fiducia ti privino di massimizzare le tue potenzialità.

La pratica e i suggerimenti presentati in questo manuale non ti trasformeranno dall'oggi al domani. Inoltre, non si tratta solo di conoscenza teorica. Devi uscire dal guscio, dalla tua zona di comfort. Abbiamo presentato tonnellate di informazioni in questo manuale. Assicurati di prendere ogni capitolo e lavorare sulle idee e i suggerimenti consigliati. Con il tempo, la dedizione e la resilienza noterai un notevole miglioramento. Roma non è stata costruita in un giorno, dicono. E come con qualsiasi altra abilità, le abilità sociali richiedono tempo e impegno. È un corso a sé stante. Inoltre, guardando all'incredibile svolta che lo sviluppo delle tue abilità sociali può far avere alla tua vita, ne vale ogni sforzo.

Non ti verrà servito su un piatto d'argento. La voce potrebbe venirti meno a volte. Potresti sudare e persino dimenticare quello che volevi dire. Non picchiarti. Che tu lo veda o no, i tuoi sforzi lavorano tutti insieme per aiutarti a costruire i tuoi muscoli sociali. Ricorda, piccoli passi. Entrando là fuori, hai superato la barriera più grande. E rimanendo al passo con la pratica, ti condizioni per migliorare le abilità sociali. È anche importante sottolineare che dovrai affrontare il rifiuto, prepara la tua mente. Quando vieni rifiutato, non prenderlo come una scusa per indietreggiare nel tuo guscio, ma lascia che il rifiuto sia il carburante per aiutarti a riprenderti e a migliorare la gestione del rifiuto stesso. Tieni presente che tutti coloro che hanno avuto successo, hanno il fallimento come parte della loro storia di successo.

Costruire le tue abilità sociali non è scienza missilistica. Ci sono molte persone là fuori che una volta erano socialmente imbarazzanti. Queste persone, tuttavia, si sono sentite a disagio con la loro vita e hanno preso le misure necessarie. Puoi farlo anche tu. E con la massima dedizione, puoi migliorare le tue abilità sociali in modo che diventino una parte naturale di te.

SELF DEVELOPMENT

"Il cervello umano comincia a lavorare quando si nasce e non si ferma mai, a meno che ci si alzi per parlare in pubblico."

George Gessel

Imparare le abilità sociali

~

Come migliorare l'autostima e la comunicazione non verbale gestendo timidezza, paura e ansia sociale. Sviluppare fiducia in sé stessi e migliorare le relazioni sociali.

Ted Goleman

Introduzione

Lavorare sulle abilità sociali richiede tempo. Alcune persone sono veloci nell'apprendimento mentre altre meno. Le persone veloci riescono ad essere più naturali nel fare conversazione. Più uno è in grado di rendere una conversazione facile, più riuscirà a creare legami con gli altri. Migliore è la conversazione, quindi, migliore è la relazione. Le relazioni potrebbero essere quelle in famiglia, al lavoro o anche semplici amicizie.

Lo scopo delle abilità sociali è sviluppare conversazioni. Le capacità di conversazione vengono apprese e coltivate nel tempo. Se si vuole fare conversazione, bisogna rischiare con gli altri, impegnandosi e assicurandosi che la conversazione prosegua senza intoppi.

Ciò che è essenziale e di base per conversare con le persone, è la capacità di ascoltarle. È sempre una buona cosa ascoltare qualsiasi situazione. È, invece, una cattiva abitudine parlare e parlare senza ascoltare. Le persone che continuano e continuano a parlare senza ascoltare gli altri sono molto fastidiose e per lo più vengono ignorate. Si dovrebbe imparare a conversare ascoltando gli altri. La conversazione non dovrebbe essere unilaterale. È essenziale conoscere l'arte di parlare ascoltando.

Eccellenti abilità sociali ti consentono di presentare il meglio di te a chi ti circonda. Possono darti la fiducia necessaria per avere successo in tutte le situazioni e la capacità di conoscere le persone a cui vorrai avvicinarti. Dalla capacità di identificare i tuoi punti di forza al sapere esattamente come portare avanti una conversazione, le tue abilità sociali ti forniranno connessioni sociali più profonde e sarai in grado di socializzare e in generale conoscere altre persone. Questa connettività è ciò che ti fa sentire sicuro in te stesso e nelle tue interazioni.

Sebbene la socializzazione sia profonda ed essenziale, per alcuni può essere difficile. Trovare il coraggio di parlare con un'altra persona può spesso intimidire, soprattutto quando non sei sicuro di te stesso. Molte persone lottano con le loro abilità sociali, desiderando di essere più brave nelle abilità che hanno naturalmente alcuni. Con la pratica, le tecniche che leggerai in questa guida ti permetteranno di "costruirti" in modo che tu ti senta a tuo agio e sicuro di socializzare, non importa dove ti trovi o con chi. Dal lavorare sul tuo linguaggio del corpo alla scoperta di come parlare con nuove persone, otterrai un rinnovato senso di fiducia in te stesso.

Partendo dall'inizio, imparerai a riconoscere le abilità che già possiedi. Sfruttando i tuoi punti di forza, le tue debolezze saranno più facili da superare. Invece di vergognarti di avere dei punti deboli, imparerai a trasformarli in tratti che renderanno più facile la socializzazione. Se la timidezza è un peso nella tua vita, imparerai a combatterla in modi che ti permetteranno comunque di sentirti a tuo agio e apparire anche più estroverso. Con un semplice aumento del tuo carisma e crescita della tua autostima, ti sentirai abbastanza in grado di gestire qualsiasi interazione sociale che ti capiti.

"Accettarsi è il solo modo di farsi accettare anche dagli altri."

Enza Graziano

Capitolo 1. Come conoscere, valutare e migliorare le tue capacità per migliorare l'autostima

Sicuramente hai sentito parlare del concetto di autostima numerose volte. E' probabile avere un'autostima alta o bassa, in funzione dell'opinione personale su sé stesso e sulle proprie capacità, ed è normale che le persone siano scettiche sulle proprie capacità, una volta ogni tanto. Tuttavia, la bassa autostima uccide la motivazione e la passione.

Se ti guardi dentro, potresti essere in grado di identificare alcune cose che influenzano la tua autostima. Potrebbe essere un paragone malsano, essere vittima di bullismo, avere un'aspettativa non realistica di te stesso, ecc. Una delle cose migliori che puoi fare per permettere alla tua vita per dare una svolta positiva, è migliorare la tua autostima. Con una migliore autostima e fiducia in te stesso, il tutto si tradurrà in migliori abilità sociali.

Perché è importante migliorare la tua autostima?

Vivi una vita semplice e più felice

Quando hai una buona e alta opinione di te stesso, sarai più gentile con te stesso. Di conseguenza, i semplici errori non ti trascineranno eccessivamente. La comprensione che non sei perfetto è già innestata in te, quindi accetterai gli errori.

Vivrai una vita stabile

Avere un'alta opinione di te stesso, senza essere arrogante, ti impedirà di cercare convalida negli altri. Di conseguenza, la velocità con cui cerchi di accontentare le persone diminuisce. Questo ti ricompenserà con stabilità interiore poiché ciò che le persone dicono di te avrà un effetto minimo.

Godrai di più delle tue relazioni

Una migliore autostima ti fa sentire a tuo agio con te stesso. La tua vita diventa più semplice poiché ci saranno meno drammi, meno confronti e più contentezza nella tua vita in generale. Questo ti fa godere di tutte le relazioni che hai, che si tratti di un amico o di un partner romantico.

Ci sono molti vantaggi che derivano dal migliorare la tua autostima, tuttavia, questo non è il tema di questo capitolo, l'obiettivo principale è fornire misure pratiche che puoi intraprendere per migliorare la tua autostima.

Modi pratici per migliorare la tua autostima

Abbi sempre aspettative realistiche

Uno dei modi più semplici per uccidere l'autostima è avere aspettative non realistiche. Il mancato raggiungimento di tale aspettativa può farti sentire inadeguato, infliggendo un duro colpo alla tua autostima. Eliminare le aspettative irrealistiche potrebbe essere l'antidoto di cui hai bisogno per smettere di "picchiarti". Quando le nostre aspettative sono realistiche, siamo fiduciosi che raggiungeremo i nostri obiettivi, il che a sua volta non influirà sul modo in cui ci percepiamo.

Elimina le perfezioni e celebra i tuoi successi

Uno dei modi più semplici per rimanere infelici è cercare sempre la perfezione. Tuttavia, è giunto il momento che molti di noi accettino il fatto che non saremo mai perfetti. Non otterrai il corpo bikini perfetto, la ragazza perfetta, il veicolo perfetto, il lavoro perfetto, ecc. Tutte queste sono semplicemente illusioni che esistono solo nella nostra mente. Invece di tormentarti con un senso di perfezione idealizzato, celebra i tuoi successi. Quando raggiungi un traguardo, festeggialo, non importa quanto sia stato facile. Puoi tenere un diario per avere un elenco dei tuoi risultati man mano che accadono. Questo è un modo collaudato per credere in te stesso e nelle tue capacità. Piuttosto che mirare alla perfezione, puoi accontentarti di "abbastanza". Questa non è una licenza per rallentare o non dare il meglio di te, ma la perfezione ti renderà critico e finirà per scoraggiarti.

Abbandona il gioco del confronto

Uno dei modi più semplici per essere infelici è confrontarti con gli altri. Tizio è più bravo di me a correre, Caio parla correntemente durante la presentazione, Sempronio ha un corpo scolpito meglio del mio. È ovvio come il confronto su di noi influirà su come ci sentiremo. Si deve stabilire la regola che bisogna competere solo con noi stessi. In altre parole, cercare di essere migliore di quello che eravamo ieri. Questo è molto meglio che competere con qualcun altro.

Ferma il critico interiore

Abbiamo tutti quella voce interiore e per migliorare la nostra autostima, dobbiamo essere consapevoli di ciò che la nostra voce interiore ci sta dicendo. Quel critico interiore può essere una motivazione per perseguire verso il tuo obiettivo, ma può anche ostacolare la tua autostima.

È quel critico interiore che innaffia la tua mente con pensieri distruttivi. Li abbiamo tutti, esempi comuni sono:

- Non sai fare il tuo lavoro nel modo giusto, qualcuno se ne accorgerà e presto ti licenzierà.

- Non hai quello che serve per essere una buona madre, i tuoi figli si riveleranno ribelli.

- Sei una cattiva moglie, tuo marito se ne accorgerà e ti butterà fuori.

Una cosa necessaria che tu sappia e accetti, è che questi sono semplici suggerimenti privi di fatti. Ci sono modi utili per sfidare e minimizzare questi pensieri dannosi e sostituirli con qualcosa di incoraggiante. Potresti letteralmente dire a te stesso di fermarti quando il pensiero sorge, ma potresti non essere davvero in grado di mettere a tacere i tuoi pensieri, tuttavia, ciò che consigliamo è sostituire tali pensieri con altri sani.

Rifletti sulle cose per cui sei grato

Questo è uno dei modi più salutari per migliorare la tua autostima. È semplice e può fare un'enorme differenza se ne fai un'abitudine. Tutto quello che devi fare è dedicare un po' di tempo a riflettere sulle cose per cui sei grato. Queste sono le cose semplici della vita, non necessariamente enormi cose.

Ad esempio, ecco un elenco di tre cose per cui essere grati:

- La capacità di risolvere i problemi e aiutare le persone.

- Essere in grado di offrire parole di incoraggiamento e motivazione agli altri.

- Avere una moglie comprensiva e solidale.

Come puoi vedere, non devono essere cose necessariamente fondamentali. Potresti essere grato per aver avuto la possibilità di fare un'escursione per migliorare la tua forma fisica piuttosto che rimanere sul divano. Potrebbe essere per la benedizione dei tuoi bambini carini, in salute e per come i loro sorrisi illuminano sempre la tua giornata. Questa abitudine non solo aumenta la tua autostima, ma può anche riempirti di vibrazioni positive e renderti una persona felice.

Investi il tuo tempo con persone solidali e meno distruttive
La ricerca per migliorare la tua autostima non è completa senza fare attenzione al tipo di compagnia che frequenti. Potresti aver fatto tutto ciò che è stato consigliato sopra, come essere gentile con te stesso, mettere a tacere il critico che è in te e terminare il ciclo di confronto. Tuttavia, se frequenti costantemente persone che ti fanno dubitare della tua scelta, i tuoi sforzi non daranno alcun frutto. Tenendo presente quanto sopra, assicurati di farla finita con le persone che non supportano la tua ricerca per migliorare la tua autostima. In altre parole, le persone con cui trascorri del tempo dovrebbero avere uno standard realistico e incoraggiarti a essere più gentile con te stesso. Non si tratta sempre di interazioni fisiche. Devi stare attento anche a ciò che assorbi dai media. Internet e i social media potrebbero essere il terreno perfetto per un confronto malsano, è meglio limitarne l'uso.

Identifica e sviluppa le tue abilità

Uno dei modi più economici per costruire l'autostima è identificare ciò in cui sei bravo e continuare a svilupparlo. In altre parole, identifica le tue abilità, abilità e aree della tua vita che sono molto importanti e sviluppale. Ad esempio, se sei un buon giocatore di basket, fai il necessario in modo tale da poter entrare a far parte di una squadra di basket. Questo aumenterà il tuo livello di fiducia, rafforzando così la tua autostima. Se ami aiutare le persone, iscriviti ad associazioni di volontariato, cerca di aiutare le persone meno privilegiate. La soddisfazione che ne trarrai può aiutarti a rafforzare la tua autostima. L'idea è scoprire in cosa sei bravo e trovare opportunità per svilupparlo.

Sentiti a tuo agio ad accettare i complimenti

Tendiamo a essere così duri con noi stessi da non sentirci degni di accettare i complimenti. Tuttavia, ricevere complimenti può aiutarti a sviluppare l'autostima poiché ti fa sentire bene con te stesso e con i tuoi risultati. Questo, a sua volta, costruisce la tua fiducia, che si traduce nel miglioramento delle abilità sociali. Anche se il complimento ti mette a disagio, prepara la tua mente e cerca di avere una risposta pronta quando ricevi tali complimenti. Con il tempo, la voglia di negare e sminuire i complementi svanirà, il che è una buona indicazione che la tua autostima sta crescendo.

Superare la timidezza

Molte persone lottano con la timidezza, anche quelle che non considereremmo timide in alcun modo. Anche se ti sembra di essere l'unico, è un problema piuttosto comune. Nella ricerca per migliorare le tue abilità sociali, sbarazzarti della timidezza è uno dei passi che devi compiere. Tuttavia, sbarazzarsi della timidezza non avviene dall'oggi al domani. Leggendo questa guida, hai fatto il primo passo. Senza dubbio, la timidezza intralcia la tua interazione con le altre persone, influisce sulla tua relazione e potrebbe finire per lasciarti insoddisfatto della vita. Questo è il motivo per cui questa sezione del libro farà luce sui modi pratici per sbarazzarsi della timidezza. Nota che è un processo che richiede tempo, pazienza e disponibilità.

Come sbarazzarsi della timidezza?

Fai respiri profondi

La respirazione profonda, anche se sembra semplice, può fare miracoli per aiutarti a rilassarti. Tutto ciò di cui hai bisogno è un respiro profondo e corposo. Inspira l'aria e tienila ferma per quattro secondi. Fallo tutte le volte che puoi prima di affrontare la situazione (interviste, presentazioni, appuntamenti, ecc.) che ti mette a disagio. Fare un respiro profondo è un modo per costringere il corpo a rilassarsi, anche di fronte a situazioni che sembrano pericolose per la vita. Assicurati di non fare respiri profondi dove può essere interpretato erroneamente come un sospiro, che potrebbe quindi inviare un messaggio sbagliato. Puoi farlo tranquillamente quando l'altra parte sta parlando.

Assumi sempre una buona postura

Nella comunicazione e in ogni forma di interazione che hai, il modo in cui ti comporti è importante quanto quello che dici. In altre parole, sii consapevole del messaggio che inconsciamente stai trasmettendo con il tuo corpo. Anche se stai combattendo la timidezza, puoi assumere una posa tranquilla che ti farà sembrare sicuro. Le cose semplici che puoi fare al riguardo è assicurarti di essere consapevole del modo in cui ti vesti. Assicurati di essere sempre pulito e presentabile. Assicurati di tenere sempre la testa alta e di tenere le spalle alte.

Stabilire un contatto visivo

Come persona timida, riconosciamo che il contatto visivo può essere snervante. Tuttavia, il mondo non ti cadrà addosso se guardi negli occhi. Il contatto visivo contribuisce notevolmente a creare fiducia e stabilire una connessione. Puoi iniziare guardandoti allo specchio ed esercitarti a parlare da solo mantenendo il contatto visivo. Con il tempo, esercitati con i tuoi fratelli o il tuo coniuge e quando ti senti pronto, lanciati là fuori.

Impara a sorridere

Una persona timida può essere etichettata erroneamente come fredda e ostile. Chi ha questa opinione, non è da biasimare, perché è questa l'impressione che può essere trasmessa da chi è timido. Sorridere è un modo semplice per migliorare la tua vita e renderti accessibile. Non ti costa nulla e può essere molto utile per riconoscere l'altra persona. Ti fa passare per una persona amichevole, accogliente e disponibile e può aiutarti a creare l'atmosfera per una bella conversazione. Anche se ti sembra strano, esercitati prima di metterti in gioco. Con il tempo, questa diventerà una seconda natura e scoprirai che stai migliorando la giornata delle persone semplicemente con il tuo sorriso.

Sii gentile con te stesso

Non supererai la timidezza dall'oggi al domani, ma la cosa più importante è che stai facendo uno sforzo per superarla. Non allarmarti per quanto tempo ci vuole finché stai facendo progressi. Oltre al fatto che stai lavorando per raggiungere il tuo obiettivo, sei abbastanza sensibile da sapere come stai. Non importa quanto ti senti lento o come sono i tuoi progressi, resisti alla tentazione di "picchiarti", perché potrebbe finire per ritardare i tuoi sforzi.

Mettiti deliberatamente in avanti

Come abbiamo ribadito nel paragrafo iniziale, la timidezza non può essere eliminata. Devi essere convinto nel tuo sforzo per superarla. Uno dei modi in cui puoi aiutare te stesso è metterti deliberatamente in situazioni che ti mettono a disagio. So che questo è come chiedere troppo, ma ti aiuterà. Alza la mano e fai una domanda alla prossima riunione a cui parteciperai. Offriti volontario per tenere il prossimo seminario al lavoro, oppure invita alcuni amici per una cena. L'idea è di fare qualcosa, qualsiasi cosa che ti porti fuori dalla tua zona di comfort. L'idea è di sfidare la tua timidezza e forzarla. A volte potresti sbagliare, ma va bene, non usarlo come scusa per tornare indietro nel tuo guscio. Piuttosto, fai piccoli passi e affronta le sfide passo dopo passo. Con il tempo scoprirai un modo che ti sembrerà naturale.

Capitolo 2. Comunicazione non verbale

L'importanza del linguaggio del corpo

C'è un famoso detto che afferma che le azioni parlano più delle parole, ed è vero. È fondamentale prestare attenzione al linguaggio del corpo, poiché è l'unico modo per leggere tra le righe. A volte si può comunicare senza dire una parola. Ad esempio, uno può alzare le spalle e informarti che non capisce cosa sta succedendo.

Nel processo di comunicazione, è stato dimostrato che quella non verbale contribuisce per circa il 65-93% al processo di comunicazione generale. Per quanto il linguaggio del corpo sia parte integrante della comunicazione, bisogna prepararsi bene per conoscerlo ed evitare di voler comunicare una cosa e finire per fornire il contrario a causa della paura o dell'ansia. Significa che bisogna essere molto attenti al linguaggio del corpo, perché i destinatari delle informazioni sono molto sensibili ai segnali non verbali che si stanno inviando.

a. Impressione generale

Il linguaggio del corpo è essenziale perché dà l'impressione generale. È fondamentale e fornisce un'impressione di qualcuno. Le prime impressioni sono generalmente sorprendenti ed evidenti. Significa che il modo in cui altri dipendenti e datori di lavoro vedono una persona il primo giorno è il modo in cui viene vista durante il suo mandato sul posto di lavoro. Quindi, bisogna prestare attenzione al proprio linguaggio del corpo. Bisogna prestare attenzione al modo in cui le persone intorno usano il linguaggio del corpo nel trasmettere un messaggio. In contesti sociali e altri aspetti della vita, aiuterà a sapere quando fare la prossima mossa. Il linguaggio del corpo è controllato dal cervello, il che significa che si potrebbe fingere mentre si comunica verbalmente, ma il subconscio tradirà sempre. Ad esempio, si può fingere di ascoltare un'affermazione ma essere irrequieti, questo può dimostrare una mancanza di interesse, ansia o scarsa concentrazione. Non è facile avere un linguaggio del corpo adeguato, soprattutto in situazioni di stress.

b. Controlla la percezione cerebrale di una persona

Un'altra citazione famosa quando si parla di linguaggio del corpo è che la pratica rende perfetti. Questo è del tutto vero quando vengono esaminate persone con abilità sociali esperte. È giusto anche sul posto di lavoro, con persone che sono apprezzate o ricevono promozioni. Il linguaggio del corpo non è un'abilità innata, il che significa che può essere affinato nel tempo. Ciò significa che bisogna praticare il proprio linguaggio del corpo nelle interazioni sociali quotidiane per migliorarlo.

Secondo Amy Cudder, il linguaggio del corpo influenza il modo in cui le persone vedono sé stesse. Se qualcuno si esercita ad essere autorevole, il cervello riceve segnali che lo modellano per creare l'impressione che si sia più autorevoli, e si finisce per essere più fiduciosi. La comunicazione non verbale positiva non solo aiuta a sembrare più autorevoli, ma aiuta anche ad avere un maggiore controllo della situazione.

Se hai paura di parlare davanti ad altre persone, facendo pratica esercitandoti a parlare in pubblico, alla fine ti farà abituare.

Il linguaggio del corpo si comporta allo stesso modo, bisogna parlare davanti alle persone finché non si è imparato il linguaggio del corpo. Il linguaggio del corpo gioca un ruolo cruciale nelle relazioni, nella carriera e nella vita di tutti i giorni, pertanto prestare attenzione al linguaggio del corpo è destinato a portare buoni risultati in ogni aspetto della vita.

c. Comunicare informazioni sensibili negli spazi pubblici

Nelle situazioni sociali, il linguaggio del corpo può essere utilizzato per passare segreti e garantire che i segreti non vengano ricevuti da nessun altro nello stesso contesto sociale. La lingua è rischiosa da usare, soprattutto se si desidera che alcune informazioni rimangano private. Nell'era dei dispositivi di registrazione, l'utilizzo di una lingua diversa non è sufficiente per mantenere private le informazioni. Pertanto, il linguaggio del corpo codificato deve essere utilizzato in modo efficace per trasmettere le informazioni alle persone necessarie.

Ad esempio, un gruppo di persone in una competizione può concordare sul fatto che toccare il naso può significare che fanno una mossa particolare. Pertanto, avere tali informazioni privilegiate può aiutare ad avere un vantaggio competitivo sui loro pari. Può anche aiutare nel passaggio di informazioni sensibili. Pertanto, il linguaggio del corpo può essere utilizzato per comunicare insiemi specifici di informazioni che un gruppo non desidera condividere con un altro gruppo.

Identificare i segnali non verbali delle persone ed essere consapevoli dei propri

I segnali non verbali non hanno una traduzione verbale diretta. E non esiste un singolo gesto che sia autosufficiente per comunicare ciò che una persona prova quando lo manifesta interamente. Quindi, è importante prestare attenzione a quanti più segnali possibili. La fusione di indizi con i contesti in cui si trova la persona in questione, aiuta a leggere i suoi pensieri, dando così più significato ai messaggi decifrati.

Più comprendi come le persone codificano i loro sentimenti e pensieri in segnali e come decodificarli, più diventi consapevole nel criptare i tuoi. Inizi a comunicare i tuoi messaggi fisici specifici in modo più preciso. Ci vuole un bel po' di sforzo per impararli e praticarli. Ci sono molti segnali fisici con altrettanti significati, e qui ve ne presenteremo solo alcuni. Le individualità sono diverse e, a volte, in circostanze simili, ognuna mostrerà gesti diversi o, per gli stessi gesti, invierà un messaggio completamente diverso.

In base a come sono vestiti i partecipanti ad una riunione, puoi dedurre se si sentono a loro agio o se sono seducenti o rappresentano valori spirituali. C'è un messaggio nel loro aspetto scelto, e al di là di ciò che potrebbero voler dire con esso, dice ulteriormente se sono in sintonia con lo scopo della riunione.

Camminare a testa alta indica sicurezza, mentre un certo tipo di camminata lenta può dipingerli come indecisi o codardi, probabilmente a causa della bassa autostima. Il petto spinto in avanti con le mani espanse è uno spettacolo di chi è pieno di sé, un grande ego.

Le pose espansive mostrano il potere e un senso di realizzazione. La sensazione di potere e di avere il controllo è rappresentata da una postura rilassata appoggiata all'indietro. Mantenere una posizione eretta, camminare intenzionalmente con i palmi verso il basso in un corpo aperto ed espansivo è una postura autorevole che segnala ambizione o capacità di leadership. Tendiamo ad avvicinarci alle persone che ci piacciono, ma teniamo le distanze o ci allontaniamo da quelle che non preferiamo. Questo può tuttavia, essere influenzato dalle culture.

Incrociando le braccia, dimostriamo di essere difensivi, arrabbiati o protettivi con noi stessi. Quando sono le gambe ad essere incrociate, tendiamo a puntare l'alluce del piede in alto verso la persona con cui ci troviamo a nostro agio. Le gambe incrociate significano anche che qualcuno è resistente, non ricettivo e può essere un brutto segno nella negoziazione. Descrive la loro chiusura mentale, emotiva e fisica e la riluttanza a cedere nella contrattazione.

Mordersi le labbra e pizzicare le cuticole sono lenitivi quando le persone si trovano sotto pressione o in situazioni imbarazzanti.

Le emozioni incidono naturalmente sul viso. Un cipiglio profondo, ad esempio, indica che ci si preoccupa o si pensa troppo.

Una persona che guarda lontano da te durante la conversazione significa che è annoiata, disinteressata o ingannevole. Quando guardano in basso, potrebbero essere nervosi o sottomessi. Un buon contatto visivo e la pupilla dilatata sono un segno di interesse per la conversazione e per la persona con cui stai interagendo. Un battito di ciglia più veloce è caratteristico quando si pensa, si è stressati o si mente.

Diamo anche uno sguardo alle persone a cui siamo interessati. È stata appena raccontata una bugia quando la persona guarda in alto e poi a destra. Se guardano in alto e poi a sinistra, l'affermazione che hanno appena fatto potrebbe essere vera.

Uno mantiene un contatto visivo insolitamente più prolungato con te? Probabilmente, non vogliono avere occhi sfuggenti. Nel tentativo di evitare di agitarsi, possono anche rimanere immobili per troppo tempo quando sono in piedi o seduti o non sbattere le palpebre. Questi gesti possono essere manipolati consapevolmente per nascondere le loro intenzioni menzognere.

Sorrisi genuini coinvolgono tutto il viso. I sorrisi falsi implicano un piacere o un'approvazione contraddittori, mentre i mezzi sorrisi sono sarcastici o mostrano incertezza. Una smorfia prima di un sorriso è un segno di insoddisfazione nascosta. Le manifestazioni facciali di emozione se non sono bilaterali, sono falsificate. I sorrisi genuini, ad esempio, sono simmetrici.

Quando uno annuisce lentamente, significa che è interessato e desidera ascoltare di più il tuo discorso. Un rapido cenno del capo dice che uno ha sentito abbastanza e vuole che finisca o dia loro la possibilità di rispondere. Si inclina la testa di lato per concentrarsi sulla conversazione, ma si inclina all'indietro in segno di sospetto o incertezza. Un cenno esagerato implica ansia per l'approvazione. Quando uno non è sicuro di cosa stai pensando di loro o non sei sicuro che eseguiranno il tuo comando, annuiscono eccessivamente.

Le persone alzano le spalle quando non hanno la più pallida idea di cosa stia succedendo. Questo gesto comprende braccia esposte per mostrare apertura, spalle curve per proteggere il collo nel caso in cui ci sia una possibile minaccia e sopracciglia sollevate di sottomissione. Le sole sopracciglia alzate mostrano fastidio. Preoccupazione, sorpresa o paura possono innescare questo gesto. Quindi un complimento, ad esempio, con le sopracciglia alzate può essere falso.

Quando uno ride con te ed è interessato al tuo umorismo durante una conversazione, è probabile che trovi la tua personalità sorprendente. Il linguaggio del corpo rispecchiato significa che la conversazione sta procedendo bene e segnala una sensazione di connessione tra voi due.

Ti sembrano tristi e i loro angoli interni delle sopracciglia non si muovono verso l'alto e verso l'interno? Allora non sono così tristi come sembrano.

Stabilire la fiducia

I segnali non verbali possono consentirti di stabilire un livello di fiducia tra te e la persona con cui stai comunicando. Studiando semplicemente gli elementi del linguaggio del corpo delle persone, sarai in grado di sapere se puoi fidarti o meno di loro. Questo perché ci sono elementi della comunicazione non verbale che ti dicono quando una persona sta mentendo.. Ad esempio, è probabile che una persona che riesce a mantenere il contatto visivo per un periodo considerevole dica la verità rispetto a qualcuno che trova difficile mantenerla. Questo, quindi, implica che quando interagisci con qualcuno, dovresti sempre concentrarti sui suoi occhi. Cerca di stabilire se ti stanno guardando direttamente o se sembrano distogliere lo sguardo. Allo stesso modo, da parte tua, è importante assicurarti di essere in grado di mantenere il contatto visivo mentre comunichi con gli altri. Se riesci a mantenere un buon contatto visivo durante la conversazione, ti imbatterai in qualcuno che è sicuro e degno di fiducia.

Segnali e rapporti non verbali

Un buon rapporto può consentirti di stabilire relazioni efficaci con altre persone, sia all'interno dei tuoi circoli sociali che professionali. Un buon rapporto si riferisce alla positività da parte tua che può facilmente estendersi ad altre persone. Quando hai un buon rapporto con qualcun altro, vorranno trascorrere più tempo con te, condividere le loro esperienze e si fideranno di te.

Durante l'interazione con qualcun altro, è essenziale prestare attenzione ai segnali non verbali che possono farti sapere se hai o meno un buon rapporto con loro. Uno degli elementi più notevoli dei segnali non verbali rispetto al rapporto che puoi osservare nelle altre persone è la tendenza a sporgersi in avanti quando parlano con te. Se qualcuno preferisce sporgersi in avanti ogni volta che interagisce con te, significa che gli piaci e potrai stabilire rapidamente un buon rapporto con loro.

La tendenza di persone a puntare le braccia verso di te, può anche farti sapere che hai un buon rapporto con loro. Potresti essere in presenza di altre persone e una di queste sembra puntare costantemente verso di te, con la testa o le mani, stanno facendo sapere agli altri che hanno un'alta stima di te. Viceversa, se qualcuno distoglie lo sguardo da te e non ti indica, potresti avere difficoltà a stabilire un buon rapporto con loro.

Da parte tua, dovresti anche identificare gli aspetti dei segnali non verbali che possono migliorare il rapporto tra te e le persone intorno a te. Prima di tutto, dovresti sempre indicare o guardare qualcuno quando parli con lui. Il motivo è quello, l'altra persona apprezzerà il fatto che tu riconosca la loro presenza e il loro ruolo nell'intera comunicazione.

Tieni sempre il mento in alto

La posizione del mento mentre cammini o interagisci con altre persone è un indicatore essenziale del tipo di immagine che stai cercando di dare. Quando cammini con il mento rivolto verso il basso, le persone possono percepirlo come un segno di timidezza o codardia. Invece, se cammini con il mento verso l'alto, le altre persone ti vedranno come una persona sicura di sé. È quindi fondamentale assicurarsi di mantenere sempre il mento sollevato ogni volta che si parla o si interagisce con altre persone per inviare il messaggio giusto.

Evita di agitarti

L'agitazione è una forma di movimento nervoso che ti farà sembrare a disagio e nervoso. A tal fine, dovresti ricordare di non agitarti mentre interagisci con altre persone. Invece, dovresti mantenere un comportamento fiducioso con movimenti minimi non necessari. Inoltre, agitarsi può anche interferire con la concentrazione della persona con cui stai parlando. Quando continui ad agitarti mentre interagisci con gli altri, è più probabile che passino più tempo a concentrarsi sui tuoi movimenti involontari anziché concentrarsi completamente su ciò che stai dicendo.

Non mettere le mani in tasca

Mettere le mani in tasca è considerata una posa innaturale mentre si interagisce con qualcuno. Il più delle volte, mettere le mani in tasca potrebbe dire all'altra persona che ti manca la tanto necessaria fiducia in te stesso o che sei ansioso. Viceversa, tenere le mani fuori dalle tasche è considerata una posa rassicurante che può dire all'altra persona che sei consapevole di cosa stai parlando.

Stretta di mano ferma

Quando si tratta di strette di mano, devono essere sempre ferme. Una stretta di mano ferma è una delle dimostrazioni più evidenti di fiducia. Quando tieni saldamente la mano della persona che stai salutando, invierai un messaggio che sei sicuro di te stesso. Costringe gli altri a prenderti sul serio. Una stretta di mano debole può farti sembrare qualcuno con scarsa autostima e potrebbe anche incoraggiare le persone opportuniste a cercare di approfittarsi di te. A tal fine, dovresti sempre assicurarti che la tua stretta di mano sia ferma anche quando ti senti intimidito dalla persona che stai incontrando. Nasconderà il tuo disagio e la tua paura, aumentando così la tua autostima nel processo.

Sporgiti in avanti

Come già detto, sporgersi in avanti dice alla persona con cui stai parlando che sei interessato al suo punto di vista. Quando discuti di qualcosa con qualcun altro, dovresti sporgerti in avanti per fargli sapere che stai ascoltando e che sei disposto a saperne di più.

Infine, essere consapevoli dei segnali non verbali degli altri è fondamentale per consentirti di comprenderli meglio. I segnali non verbali possono darti informazioni che l'altra persona non è disposta a condividere e, come si usa dire, l'informazione è potere. Quando hai queste informazioni a portata di mano, puoi prendere decisioni migliori. Allo stesso modo, dovresti anche essere consapevole dei tuoi segnali non verbali. Non dovresti mai trascurare gli elementi dei tuoi segnali non verbali, poiché invii continuamente messaggi anche quando non lo sai. Essere consapevoli dei tuoi segnali non verbali ti consentirà di inviare il messaggio giusto che funzionerà a tuo vantaggio.

Capitolo 3. Comunicazione

Impara come fare un'introduzione corretta

Presentarsi a qualcuno che non hai mai incontrato è spesso la parte più difficile di una conversazione con estranei. Raramente sentirai qualcuno dire: "Oh, quanto amo l'eccitazione di avvicinarmi a estranei e presentarmi". La maggior parte di noi è molto preoccupata all'idea di presentarsi a degli estranei. Vedrai che i passaggi visti fino a ora, ti torneranno utili.

Sii audace e accetta l'iniziativa

Hai mai notato, quando entriamo in posti nuovi, dove non conosciamo nessuno, come ci mettiamo da parte e iniziamo a valutare - con pregiudizio - gli estranei per determinare chi sembra amichevole e accessibile? Questo è il motivo per cui, ad esempio, quando partecipi a un evento di networking, vedrai tonnellate di persone schiacciate contro il muro con il telefono in mano e la testa china. Lo stesso vale per un'area pubblica come il treno. Noterai molti seduti all'angolo o ai bordi dei loro posti con la testa abbassata o concentrati su altre cose.

Invece di seguire l'esempio, entra con coraggio in qualsiasi stanza o area piena di estranei con sicurezza mentre valuti chi sembra interessante. Ora usa la strategia di focalizzazione verso l'esterno che abbiamo discusso nel passaggio 1 per cercare le persone con cui potresti avere "simpatia".

Un altro grande trucco è cercare spunti che segnalino una conversazione interessante. Ad esempio, se stai partecipando a un evento di networking in cui tutti sembrano freschi e puliti vestiti con giacca e cravatta e noti qualcuno con una maglietta da spiaggia e infradito, questo potrebbe essere il segnale per una bella conversazione perché questa persona deve avere un motivo interessante per andare controcorrente.

Questo ci porta al prossimo argomento ...

Stringi la mano o saluta

Il modo più semplice per presentarti è offrire la mano per un saluto o salutare. Tendere la mano per un saluto ti fa sembrare disponibile, caloroso, amichevole e fiducioso. Questo può sembrare un passo imbarazzante, ma siamo stati addestrati inconsciamente a ricambiare una stretta di mano quando un'altra persona estende la sua mano. Questa è diventata una linea di interazione sociale accettata, quindi non temere. Tuttavia, se le tue mani sudano, cosa relativamente comune a chi ha paura di conversare con estranei, puoi salutare e continuare la conversazione da lì.

Mentre stringi la mano, resisti alla tentazione di stringere la mano troppo forte, ma nello stesso tempo, non offrire una stretta di mano molle, quella che chiamiamo una stretta di mano di pesce bagnato perché una simile stretta di mano parla di scarsa fiducia. Cerca di trovare un equilibrio tra i due.

Mantenere il contatto visivo

Questa è la parte più importante dell'avvicinarsi a uno sconosciuto. Entra in una stanza, scansiona e nota uno sconosciuto con cui vorresti impegnarti in una conversazione. Mentre cammini verso quella persona per presentarti con una stretta di mano, un saluto e alcuni convenevoli, mantieni il contatto visivo, soprattutto se la persona ti guarda mentre ti avvicini. Questo trasmetterà fiducia, che attirerà l'interesse dell'altra persona e dimostrerà che sei presente e pronto per un'interazione interessante. Oltre a umanizzarti, un buon contatto visivo ti consente di leggere i segnali del linguaggio del corpo che puoi utilizzare per creare un rapporto.

Ascolta attentamente

Il nervosismo fa sì che molti monopolizzino una conversazione, anche senza volere. Ad esempio, se sei ansioso e nervoso, dopo aver stretto la mano a qualcuno e detto qualcosa come "Ciao, sono X o Y", puoi continuare a blaterare senza dare alla persona la possibilità di presentarsi. Questo non è di buon auspicio per favorire una buona conversazione.

Sentirsi ascoltati è un bisogno umano fondamentale. Se neghi all'altra persona la possibilità di discutere le cose a cui tiene, la conversazione che stai cercando di iniziare, finirà prima che tu superi i convenevoli. Dopo aver salutato ed esserti presentato per nome, dai all'altra persona la possibilità di ricambiare e una volta che la persona ti dice il suo nome, ricordalo e usalo durante la conversazione. Usando queste quattro strategie, puoi presentarti a chiunque.

Suggerimenti per avere una conversazione
Chiacchierare

I sociologi hanno una regola che indica che il modo migliore per creare una conversazione fluida è tenere a mente una regola importante: per il 30% parla e il 70% ascolta. Questa è una regola generale e, ovviamente, cambierà da situazione a situazione, quindi tienilo a mente. Ma in termini generali, questo ti renderà una persona interessante con cui parlare, perché presterai attenzione e farai domande corrette e specifiche. Questo, nel tempo, ti renderà una persona desiderabile con cui parlare.

Alla fine di una conversazione, non dimenticare di presentarti

Questo è applicabile solo se si tratta di una conversazione per la prima volta, ma è un ottimo modo per assicurarti che l'altra persona conosca e ricordi il tuo nome. Prova a dire qualcosa come "A proposito, io sono ...", il più delle volte l'altra persona farà lo stesso. Ricorda sempre i nomi, perché è un ottimo modo per fare impressione sulle persone. Si è più propensi a parlare con qualcuno che ha ricordato il tuo nome o qualsiasi altra cosa che gli hai detto. Inoltre, se ricordi il loro nome, non solo sembrerai intelligente o interessante, ma vedranno che stavi prestando attenzione.

Chiedi loro un caffè

Un incontro sociale ti offre una migliore opportunità per conoscere veramente un'altra persona, in un modo che forse non sarebbe possibile in un altro contesto. Invitali a prendere un caffè o a mangiare assieme, per esempio. Per organizzare e pianificare con loro, puoi fornire loro il tuo numero di telefono o indirizzo email. Questo dà loro la possibilità di contattarti in qualsiasi momento. Non preoccuparti se non ti danno le loro informazioni in cambio, perché va bene. Ci sarà tempo per questo in futuro, una volta che vi conoscerete. Un modo pratico per estendere il tuo invito è dire qualcosa del tipo "Devo andare, ma che ne dici se usciamo qualche volta, forse per prendere un caffè o per pranzo? Ecco il mio numero di telefono se vuoi chiamarmi". Offri le tue informazioni di contatto a persone che hanno il potenziale per essere un buon amico e, col tempo, qualcuno ti risponderà. Se non lo faranno, non prenderla sul personale, forse non hanno, semplicemente, abbastanza tempo per fare nuove amicizie.

Conversazioni noiose

Congratulazioni, il ragazzo con cui hai parlato, ha chiamato per vedere se l'invito per il caffè era ancora valido. Hai un nuovo amico! Quindi decidete entrambi una data, un luogo e un'attività. Arriva l'appuntamento, vi sedete a parlare e vi conoscete, e poi notate che la conversazione si interrompe non appena uno di voi smette di parlare. Non importa quanto vi sforziate entrambi, alla fine la conversazione muore. Anche se torni alla tua passione principale (quella di cui hai parlato la prima volta), la ripetitività annoia entrambi. Alla fine torni a casa confuso. Tutto sembrava andare alla grande la prima volta, cosa è successo la seconda?

Le conversazioni noiose sono l'ostacolo principale che dovrai affrontare quando proverai a stabilire una nuova relazione con qualcuno. È qualcosa che devi combattere attivamente in ogni conversazione e, se non viene controllato, può rovinare il legame che hai con quella particolare persona. Il modo per affrontarlo è abbastanza semplice, e se lo pratichi ogni giorno, diventerai un esperto nel gestirlo.

Il modo migliore per coinvolgere e creare un ambiente divertente per le conversazioni è scoprire cosa eccita le persone. No, non intendo in "quel" modo, sto parlando di essere eccitato emotivamente. Questo è il primo passo che devi fare e allo stesso tempo il più difficile. L'idea alla base di questo passaggio della conversazione è scoprire cosa stimola l'altra persona a livello emotivo e, come suggerisce il nome, potrebbe diventare emotivo. Non parlare mai di argomenti pesanti, almeno nelle prime volte. Se l'altra persona ha bisogno di parlare di un certo argomento pesante, l'argomento verrà fuori naturalmente. Puoi utilizzare questo elenco di argomenti pesanti come guida per vedere cosa è meglio evitare:

- Aborto e argomenti relativi alla salute

- Religione (questo è abbastanza importante, soprattutto perché molte persone vedono la religione come uno stile di vita, quindi, a meno che non condividiate entrambi la stessa religione, cercate di evitarlo a tutti i costi)

- Politica

- In alcuni casi, Sport

Mentre il resto potrebbe essere abbastanza ovvio, potresti pensare che lo sport non dovrebbe essere in quella lista, ma la verità è che molte persone prendono lo sport troppo sul serio e difenderanno i loro colori o la loro squadra con passione. A meno che tu non sia esperto in materia, è meglio stare alla larga da questo argomento.

Altri argomenti potrebbero essere fuori da questo piccolo elenco, a seconda dei casi (ad esempio, se vedi che il tuo interlocutore ha una disabilità, non sollevarlo a meno che l'argomento non venga fuori naturalmente), ma in termini generali, l'elenco dovrebbe aiutarti a rimanere chiaro da qualsiasi problema. Detto questo, se i tuoi valori sono radicati in questi argomenti (potresti avere un'opinione ferma sull'aborto o sulla politica attuale), sii sempre consapevole che mentre le persone potrebbero avere un'opinione su di essi, non significa che vorranno necessariamente condividerli.

Abbiamo parlato di scoprire cosa ama l'altra persona. Per fare questo, fai di tutto per conoscere la vita di quella persona:

- "Qual è stata la parte migliore del tuo anno?"

- "Cosa fai come hobby?"

- "Tralasciando il lavoro, quale altro interesse hai?"

Secondo diversi ricercatori sull'argomento, ciò che guida le nostre relazioni e la nostra interazione con il resto del mondo è sentirsi importanti, sentirsi amati e trovare altre persone interessanti. Questo è normale, e questo non significa che siamo tutti egoisti (però se ne hai bisogno un po' troppo, potresti finire per avere una personalità egocentrica, quindi fai attenzione). La psicologia alla base di questo è abbastanza semplice: se riesci a far sentire qualcuno unico e speciale ascoltando e prestando attenzione alle sue opinioni, sentimenti o idee, diventerai a tua volta attraente per lui. Quando parli con qualcuno e desideri dimostrargli il tuo apprezzamento, puoi provare a porre loro domande per scoprire cosa ritengono significativo.

Se stai parlando con qualcuno a una festa, cerca di impegnarti completamente con loro. Non restare al telefono e non parlare con nessuno che non sia la persona con cui stai parlando in quel momento. Se dedichi tutta la tua attenzione a quella persona specifica, si sentirà importante e degna di attenzione e farà del suo meglio per guadagnarsela. Sorridi se è una bella storia, ridi se è divertente o mostra tristezza se è una storia triste. Non distrarti per controllare la posta al cellulare o caricare un'immagine su Internet. Alla fine le persone lo capiranno e potrebbero smettere di parlarti. Dopo tutto, il loro tempo è importante, quindi perché dovrebbero preoccuparsi di qualcuno che non lo apprezza?

La tua postura è anche una finestra sul tuo interesse per l'altra persona. Le persone rilevano inconsciamente i segni del corpo, che gli mostrano se stiamo prestano loro attenzione o se li stiamo ignorando. Oltre a evitare di controllare il telefono, i seguenti sono alcuni suggerimenti che potresti non conoscere:

La direzione delle dita dei piedi. Sì, sembra abbastanza sciocco, ma come già detto, questo è uno di quei segni che raccogliamo senza nemmeno saperlo. Se tieni le dita dei piedi puntate verso la persona che parla, il suo cervello raccoglierà la direzione dei tuoi piedi e userà quel segno per valutare l'interesse. Se stai ascoltando qualcuno che parla delle sue esperienze come padre, puoi farlo sentire apprezzato e degno della tua attenzione tenendo il busto e le dita dei piedi puntati su di loro mentre parlano. È un modo non verbale per esprimere interesse e dire "sto ascoltando".

Il triplo cenno del capo è un modo per esprimere interesse. All'inizio potrebbe sembrare strano, ma gli studi hanno dimostrato che le persone tendono a parlare da due a quattro volte più a lungo se fai loro un triplo cenno del capo. Funziona come un indizio inconscio per andare avanti ed espandere la loro storia. Quando qualcuno finisce di parlare e senti che potrebbe esserci dell'altro, guardalo negli occhi e annuisci tre volte. Il più delle volte, continueranno la loro storia e, se non lo fanno, puoi sempre fare un'altra domanda relativa a ciò di cui hanno parlato.

Se vedi che la conversazione sta morendo, fai domande aperte. Ciò contribuirà a mantenere viva la conversazione. Ad esempio, supponiamo che il vostro interlocutore stia parlando della vecchia storia romana e vedete che la discussione sta raggiungendo una fase in cui entrambi non sapete cosa dire. In tal caso, chiedi qualcosa che potrebbe richiedere del tempo per rispondere completamente. Nell'esempio di cui stavamo parlando, chiedi delle differenze tra romani e greci e come ciascuna civiltà si è adattata all'altra. Tieni presente che stiamo fornendo solo esempi casuali basati su conversazioni tipiche, ma si può sempre chiedere quello che si vuole. Ciò contribuirà a evitare risposte "sì" e "no", consentirà al tuo interlocutore di esprimersi e condividerà più informazioni che puoi utilizzare per continuare la conversazione.

Forse questo è il momento perfetto per parlarne…le conversazioni non dovrebbero essere come un interrogatorio della polizia. Anche se un po' di domande vanno bene, non devono però essere a scapito della pace del tuo interlocutore. Si suggerisce di portare avanti la conversazione un po' di più, ma non di spingerla al punto da far sentire a disagio l'altra persona. Se non vogliono rispondere a una domanda, o desiderano andare da qualche altra parte per parlare o fare qualcos'altro, lasciali andare. Non ti devono una risposta e se non vogliono parlare non hanno l'obbligo di farlo. Leggendo e guardando le persone interagire, si vedono diverse persone imbarazzanti forzare le loro opinioni sul resto dei presenti perché credono erroneamente che l'obiettivo principale di qualsiasi conversazione sia vincere la discussione. Questo è un errore assoluto da evitare a tutti i costi.

Altre cose che puoi usare per iniziare e mantenere viva una conversazione sono parlare di qualcosa di speciale che indossano o di qualcosa di particolare sull'ambiente in cui ti trovi. Questo è un modo perfetto per iniziare una conversazione perché se indossano un capo di abbigliamento unico, saranno più inclini a parlarne. Oppure, se hanno un altro capo di abbigliamento unico, come orecchini speciali, ad esempio, si può innescare una conversazione su dove li hanno presi e se li hanno presi durante un viaggio all'estero, etc. Tuttavia, se non hanno nulla in particolare, puoi sempre commentare il tuo ambiente e usarlo come spunto per parlare di qualsiasi cosa ti venga in mente. Dì che alla festa in cui siete entrambi, ci sono candele distintive che illuminano il posto o altro, in modo che la conversazione possa proseguire.

Continua a praticare questi passaggi e, con pratica, vedrai che in ogni conversazione che avrai, finirai per andare molto più in profondità di quanto ti aspettassi.

Ma andiamo sulla strada negativa: qualunque cosa tu provi, la conversazione muore. Hai fatto tutto il possibile e devi capire che non sei obbligato ad amare ogni singola persona che incontri nella tua vita. Puoi creare una relazione duratura con alcuni di loro, e il resto andrà e verrà dalla tua vita. Va bene, e la soluzione migliore in questi casi è ritirarsi e passare a un'altra persona con cui potresti sentirti più connesso o con cui hai più cose in comune.

Continua la conversazione andando oltre i convenevoli

Una delle cose più terrificanti dell'essere in una conversazione, specialmente con estranei, è il silenzio imbarazzante che molti di noi sperimentano dopo aver intrapreso una discreta quantità di chiacchiere. Il silenzio imbarazzante è qualcosa che fa sì che molti non si immergano nella conversazione. Ora che hai superato la paura di parlare con estranei, ti sei presentato nel modo più gentile possibile e attraverso gli spunti di conversazione ti sei impegnato in una discreta quantità di chiacchiere, la sfida successiva è quella di non rimanere mai a corto di cose da dire. Come continuiamo la conversazione mantenendola interessante e scorrevole?

Per superare questo problema, la prima cosa che devi capire è perché accade il silenzio imbarazzante, specialmente quando stai conversando con estranei. Il silenzio imbarazzante è interno perché quando pensi di aver finito le cose da dire, è esattamente ciò che sta accadendo. Hai attivato un filtro che vaglia ciò che ritieni sia abbastanza buono da dire a uno sconosciuto limitando così le tue scelte. Questo filtro è quasi inesistente quando stai conversando con persone che conosci bene. Puoi conversare per ore su diversi argomenti non correlati senza stressarti su cosa dire dopo. La tua soglia "abbastanza buona per la conversazione" è molto bassa quando parli con un amico o un conoscente. Se hai voglia di sollevare un argomento interessante che ti viene in mente, fallo e basta.

Qui sta la risposta per mantenere una conversazione oltre i convenevoli. Devi perdere le tue inibizioni e non filtrare le cose dalla tua conversazione. Fintanto che un argomento o un pensiero è abbastanza buono per vocalizzare, fallo. Devi imparare come adattarti alle conversazioni in movimento, cosa che puoi fare rimuovendo questo filtro. Oltre a mantenere la conversazione oltre le chiacchiere e i convenevoli, devi essere emotivamente vulnerabile. Questo non significa che devi rivelare il tuo segreto più profondo e oscuro. Significa solo che devi guidare aprendoti per primo. Sii il primo a spostare la conversazione oltre i convenevoli condividendo qualcosa di personale. Ecco perché questo è importante. Quando le persone hanno fiducia, ricambiano in maniera naturale. Poiché ti sei aperto a loro, si apriranno a te, il che renderà la conversazione più profonda.

Un altro modo per portare le conversazioni oltre i convenevoli è concentrarsi sui tipi di argomenti che sollevi mentre ti impegni in chiacchiere. Nella maggior parte dei casi, la maggior parte di noi ha circa

10 domande da porre e quando lo sconosciuto con cui stiamo parlando risponde alla maggior parte di queste, segue un silenzio imbarazzante.

E' necessario concentrarsi sull'utilizzo di richieste di conversazione che richiedono più di una parola per risposta. Ad esempio, domande come "come va il lavoro", "come stanno i bambini" o "come siete stati" faranno ben poco per portare la conversazione oltre la superficie. Questo è il motivo per cui devi sollevare argomenti più interessanti per la discussione. Mantieni la conversazione profonda e interessante, ma evita certi argomenti come la morte o la guerra. Il nostro obiettivo è mantenere queste conversazioni divertenti. Parlare di morte o di guerra non è certo divertente. Argomenti importanti e seri favoriranno una conversazione più interessante e coinvolgente. Imparerai molto sull'altra persona condividendo storie di grande impatto relative all'argomento in discussione. Sarai anche riuscito a portare la conversazione oltre i convenevoli.

Alcuni argomenti vengono ripetuti volutamente, perché devono entrare bene in mente a chi ne ha di bisogno.

Impara come trasformare gli estranei in amici

Le cose più grandi arrivano a coloro che sono disposti a rischiare il rifiuto e il fallimento. La paura del rifiuto è proprio la cosa che ti ha impedito di creare amicizie e relazioni durature con estranei. Ora che hai implementato tutti i passaggi visti finora, hai superato questa paura. Congratulazioni! Ora sei pronto per la sfida di trasformare una conversazione casuale con uno sconosciuto in un'amicizia duratura. Ecco alcuni suggerimenti su come farlo:

Costruisci sugli elementi in comune

A questo punto, presumeremo che lo sconosciuto che vuoi trasformare in amico sia qualcuno con cui hai fatto già conversazione, e dopo aver approfondito la stessa, hai deciso che questa persona è qualcuno con cui vale la pena fare amicizia.

Per mantenere viva questa conversazione e far fiorire l'amicizia, puoi costruire su elementi comuni. Ad esempio, se sia tu che il conoscente amate le escursioni, e tu e molti altri amici avete programmato un'escursione nelle prossime settimane o mesi, puoi invitare casualmente questa persona e poi continuare ad approfondire la conversazione su questo punto di reciproco interesse. Poiché alla persona piace fare escursioni, è più probabile che dica di sì e questo ti offrirà la possibilità di incontrarla un'altra volta. Questa futura interazione cementerà la conoscenza e la trasformerà in un'amicizia in erba.

Non dimenticare le informazioni di contatto

Dopo aver avuto un'ottima prima conversazione con qualcuno che hai appena incontrato, prima di andare per strade separate, cerca di capire la situazione. Se ritieni che la persona si sia divertita a conversare con te (soprattutto se, nell'esempio precedente, la persona accetta di venire per l'escursione programmata), prendi l'iniziativa e chiedi le informazioni di contatto. Avere le informazioni di contatto del tuo "nuovo amico" renderà più facile la comunicazione. Quando si tratta di chiedere informazioni di contatto, sii diretto. Di' qualcosa come: "Mi sono divertito così tanto a chiacchierare con te, prima che tu vada, scambiamoci i numeri così possiamo incontrarci e chiacchierare di più su quell'escursione."

Sii amichevole

In più di un'occasione abbiamo indicato che i conoscenti si sentono più attratti da noi, e quindi più aperti alle amicizie, se siamo aperti e vulnerabili a livello personale. Questo è ciò che intendiamo per essere amichevoli. Dopo aver eseguito tutti i passaggi, quella persona non è più un estraneo, è un conoscente, il che è a un passo dall'amicizia. Tratta una persona come tratteresti un amico, il che significa che dovresti intraprendere la creazione di un livello di comunicazione onesta e familiare mentre discuti e agisci in base a interessi reciproci.

Impara come diventare il centro dell'attenzione

Ora che stai arrivando alla fine di questa guida in 7 passaggi, devi imparare un'altra abilità: come diventare il centro dell'attenzione. Se hai notato, i primi 6 passaggi di questa guida hanno un tema centrale: la concentrazione esteriore sulla persona all'altro capo della conversazione.

Naturalmente, ci sono casi in cui vorrai attirare l'attenzione quando ti trovi in una situazione sociale. Ad esempio, se seguiamo il nostro esempio di escursionismo dal passaggio 6, quando tu, il tuo nuovo amico e altri amici andate a fare quell'escursione, potreste voler essere al centro dell'attenzione in modo da poter continuare la conversazione ed evitare al vostro nuovo amico di sentirsi escluso. Ci sono diversi modi per farlo:

Assumi una posizione centrale

Se stai partecipando a una riunione sociale, un modo efficace per attirare l'attenzione è stare in piedi o sederti in una posizione prominente in cui l'attenzione è centrata. Questo ti farà apparire amichevole e disponibile, il che significa che gli estranei si sentiranno attratti da te.

Muoviti periodicamente

Continuando con l'esempio dell'incontro sociale, anche dopo aver assunto una posizione centrale, non cementarti lì, che è ciò che molti di noi tendono fare, invece sposta le posizioni a intervalli di 15-30 minuti. Questo ti assicura di interagire con quante più persone possibile, il che significa anche che finirai per attirare molta buona attenzione.

Sii l'inizio della conversazione

Abbiamo parlato dell'importanza di essere coraggiosi. Devi renderti conto che la maggior parte delle persone evita di iniziare una conversazione, pertanto, se sei quello che la avvia, sarai "quello" che si rivolge a coloro che lo circondano. Diventerai automaticamente il centro dell'attenzione. Inoltre, ricorda di seguire le regole per iniziare una conversazione, mantieni la conversazione leggera e quando ti imbatti in qualcuno o in un gruppo di persone interessanti, approfondisci la conversazione e coinvolgi più persone nella conversazione.

Padroneggia l'arte della conversazione

Come l'arte, la conversazione è un'abilità fatta di sfumature, eleganza e implementazioni creative. C'è un'arte in tutto ciò che facciamo e senza stile, estro e pratica, la maggior parte delle cose diventa lavoro noioso. Probabilmente avrai incontrato molte persone che hanno imparato l'arte della conversazione. Questi individui spesso possiedono la capacità di parlare con chiunque con facilità. Alcuni sono nati abili e dotati di tale dono, mentre altri, come te, devono esercitarsi per diventare conversatori eloquenti. L'arte della conversazione è un'abilità acquisita che impari avvicinandoti a estranei senza recitare in modo drammatico o essere un comico. Sebbene ci siano molti modi per padroneggiare l'arte della conversazione, di seguito sono riportati alcuni modi esemplari:

Essere sé stessi

Sii te stesso e rilassa il tuo corpo, quando ti avvicini a uno sconosciuto, non fingere di essere qualcosa o qualcuno che non sei, perché quando cerchi di essere qualcuno che non sei, il tuo linguaggio del corpo ti tradirà rispecchiando questo inganno, il che significa che non riuscirai ad avviare una conversazione, ancor prima di pronunciare una parola. È difficile agire in modo rilassato quando non lo sei e potresti finire per dire o fare cose incomprensibili completamente estranee alla conversazione che stavi per voler fare. Per calmare i nervi e rilassare il corpo, esercitati a camminare lentamente e fai diversi respiri profondi e sorridi calorosamente per apparire più piacevole e accessibile. Quando sei rilassato, ti comporti in modo normale e amichevole, sarà più facile per le altre persone aprirsi e presentarsi.

Equilibrio tra parlare e ascoltare

Se vuoi avere una conversazione buona e piacevole con estranei, trova un equilibrio tra ascoltare e parlare. Una conversazione può trasformarsi da piacevole e tranquilla a noiosa se una sola parte parla mentre l'altra parte ascolta. Questo può far sì che l'interlocutore si disconnetta lentamente, interrompendo così la conversazione. Ci sono molte ragioni che possono innescare la mancanza di una conversazione equilibrata, di queste il nervosismo è la causa principale. Il nervosismo ti congela e rende difficile trovare qualcosa da dire. Quando ciò accade, fai un respiro profondo, uno dopo l'altro, indossa un sorriso sul viso e concentrati su quello che stavi dicendo. Se è l'altra persona che si blocca, prova a interromperla. Se i tuoi sforzi non riescono a ottenere i risultati desiderati, scusati educatamente e vai avanti. Per avviare buone conversazioni, entrambi i partner che conversano dovrebbero esprimersi in modo equo e confortevole, altrimenti la conversazione si trasformerà in un monologo.

Mostra interesse e curiosità

Per avviare conversazioni autentiche che dureranno un po', mostra prima interesse. Mostrare interesse incoraggerà l'altra persona a sentirsi a proprio agio con te, a essere rilassata e a interagire con te liberamente. Mostra attenzione e sii curioso mantenendo il contatto visivo durante la conversazione e ascoltando attentamente. In questo modo, anche se sei timido, sarai in grado di avvicinarti a uno sconosciuto e rendere più facile stringere un'amicizia.

Sii interessante e variamente informato

Essere interessanti non significa diventare un intrattenitore, un comico o un brillante narratore. No. Per essere interessante, tutto ciò di cui hai bisogno è mostrare interesse per gli altri, essere ben informato e aggiornato con le tendenze attuali. Rimani aggiornato su notizie locali e mondiali, eventi, musica più recente, tecnologia e nuove scoperte. Dal momento che non possiamo sapere tutto ciò che accade nel nostro ambiente, il poco che sai può mantenere viva la tua conversazione e renderla interessante mentre impari anche cose nuove. Quando non ti senti qualificato per dire qualcosa, ascolta e sorridi mentre ascolti.

Silenzia il tuo critico interiore

Sfortunatamente, avrai momenti in cui il tuo critico interiore continua a scivolare in alcuni commenti intesi a buttarti giù mentre conversi con uno sconosciuto. Il tuo critico interiore probabilmente scivolerà in pensieri come: non gli piaccio, sono così noioso, sta solo fingendo, sta cercando di essere gentile con me, lui o lei non può essere così gentile con me, deve nascondere qualcosa. Tali pensieri possono renderti ansioso e farti perdere la concentrazione mentre parli con uno sconosciuto. Pertanto, è necessario metterli a tacere se si desidera avere una conversazione significativa in cui non vi sia un chiaro imbarazzo durante la conversazione. Per mettere a tacere il tuo critico interiore, fai un respiro profondo e sfida il tuo critico interiore chiedendo prove per qualunque cosa ti stia dicendo.

Pratica per perfezionare

Come ogni arte e abilità, ci vuole pratica per essere bravi in qualsiasi cosa, inclusa quella della conversazione. Non aspettarti di essere un esperto dopo aver svolto le prime prove. È necessaria molta pratica, adattamenti ed esposizione a diverse situazioni sociali e più ti avvicini e conversi con persone diverse, più svilupperai le tue capacità di conversazione. Inizialmente esercita le tue capacità di conversazione con le persone con cui ti senti a tuo agio e con la famiglia prima di avventurarti in altri eventi sociali. Fare pratica con la tua cerchia di amici ti darà un feedback positivo che ti permetterà di identificare i tuoi punti deboli e lavorarci su. Per diventare abile nell'arte della conversazione, pratica, non c'è niente di meglio che fare pratica.

Suggerimenti per migliorare le conversazioni
Come schivare le conversazioni problematiche

In alcuni casi puoi iniziare una conversazione e presto, la stessa, peggiora anziché migliorare. Questo può pesarti molto e ritieni che la conversazione debba essere interrotta. Ci sono momenti in cui una conversazione parla di una questione delicata o è troppo aggressiva. Devi uscire dalla conversazione o semplicemente interromperla senza che le persone coinvolte si sentano offese. Le conversazioni che sono diventate troppo polemiche possono essere faticose e tirare fuori il peggio da te quando ti lasci trasportare. Stessa cosa quando ti ritrovi invischiato in una conversazione con uno snob che si vanta delle sue qualità per tutto il tempo che conversate.

Un modo per interrompere tale flusso è aspettare il momento in cui fanno una pausa tra le frasi o una serie di domande. Dì che hai apprezzato le ultime cose che hanno detto e congratulati per aver condiviso i loro pensieri. Lascia che ti scusino e ti stringano la mano mentre sorridi e scappi.

Gestire il tipo che si lamenta sempre

Ci sono persone che pensano che chiunque incontrano dovrebbe sentire le problematiche che sono nella loro vita. Vedono tutti gli aspetti positivi su di te e tutti gli aspetti negativi su di essi. A volte parlano come se gli aspetti positivi che notano in te, stessero solo peggiorando i loro problemi. Attenzione, alcune volte, oltre essere persone particolarmente negative, possono essere persone che vogliono controllarti, facendo appello alle tue emozioni o sfruttando la tua sensibilità.

Non è mai divertente incontrare qualcuno che vuole renderti responsabile dei suoi problemi. Sono soffocanti e possono farti rassegnare per ascoltare cose che con te hanno ben poco a che fare. Probabilmente hanno anche bisogno di alcune abilità sociali tanto quanto quelle che anche tu stai cercando di imparare.

Dovrai gestire questo tipo di persone con un atteggiamento che gli farà credere che stai iniziando a preoccuparti per loro, trasmettendo alcuni segni di apprensione per le loro difficoltà, al fine di assicurarti che sappiano che li hai ascoltati, ma evita di essere premuroso mentre gli dai eventuali consigli. Potresti dire loro di continuare a provare, di resistere e di avere speranza. Dopo, salutali pronunciando i loro nomi. Probabilmente non avranno possibilità di continuare a raccontare i loro problemi e tu sarai rapidamente uscito da una situazione indesiderabile.

Segni e spunti di conversazione

1- Spazio personale

Sei mai stato in una conversazione in cui una delle persone coinvolte è troppo vicina all'altra? Questo è l'aspetto dell'invasione dello spazio personale. Se sei troppo vicino a qualcuno, le persone non si preoccuperanno di quello che stai dicendo, perché è una tattica intimidatoria che viene spesso utilizzata per sopraffare qualcuno, poiché stai usando tutto il tuo corpo per esprimere la tua idea. Questo è del tutto sbagliato ed è qualcosa che dovrebbe essere evitato a tutti i costi. Allo stesso modo, se ti trovi troppo lontano, il tuo interlocutore non sarà in grado di darti l'attenzione che meriti. Il modo migliore per affrontare questo problema è cercare di mantenere la giusta distanza, e questo dipende da quanto familiarità hai con quella persona. Se è la prima volta che la incontri, usa la giusta distanza. Se invece hai abbastanza familiarità, o ti sei già visto prima, puoi parlare più da vicino.

2- Tono di voce

Se lavori in un ufficio dove ci sono centinaia di dipendenti, incontrerai spesso questo problema. Alcune persone non ascoltano la loro voce per capire se è troppo alta. Se hai dei dubbi sulla tua voce, prova a registrarla, per esempio leggendo un paragrafo di un libro. Suona forte? Se sei ancora in dubbio, puoi provare a consultare un medico. Ti guideranno e consiglieranno in caso di difficoltà di linguaggio o altre complicazioni.

In una conversazione, presta sempre attenzione non solo a ciò che sta dicendo il tuo interlocutore, ma anche a come parla. Queste informazioni sono importanti tanto quanto il messaggio stesso e puoi imparare molto osservando il tono, l'inflessione, il volume e l'articolazione del loro discorso. L'ultima cosa che vuoi come oratore è che gli ascoltatori interpretino male il tuo messaggio perché hai alzato un po' la voce.

3- Registro vocale

Come corollario al punto precedente, non importa quanto sia importante il messaggio, il tono e il registro vocale sono ciò che le persone ricorderanno dal tuo discorso. La cosa più importante in una conversazione è usare il registro vocale corretto per l'argomento che stai discutendo. Ad esempio, se è una situazione felice o un incontro amichevole, non devi usare una voce più bassa perché ciò esprime tristezza. Cerca di usare un registro più alto nella tua voce per esprimere la tua felicità. Allo stesso modo, se sei a un funerale o in ospedale, devi usare un registro inferiore perché è quello che si adatta al luogo e alla situazione.

Tempo opportuno per finire

Quando stai conversando con qualcuno che hai appena incontrato, dovrai cercare di mantenere la conversazione relativamente breve. La brevità dipende dalla conversazione e dal livello di coinvolgimento tra voi due. Dovresti essere in grado di capirlo intuitivamente.

Tuttavia, le conversazioni possono anche sembrare imbarazzanti quando vengono portate a termine troppo rapidamente. Ciò accade in particolare con le persone che hanno ansia per le interazioni sociali. Quando le persone hanno ansia, percepiscono il pericolo di perdere il controllo della situazione, quindi tendono a troncare la conversazione, che potrebbe sembrare brusca e inaspettata dall'altra parte.

Quando invece non si ha altro da dire, significa che è ora di porre fine alla conversazione. Non bisogna cercare di estenderla per introdurre un nuovo argomento, poiché ci sarà una disconnessione nel flusso del soggetto. Di solito, una conversazione che deve continuare passa semplicemente a un nuovo argomento all'insaputa di chi sta parlando. Ti accorgi solo in seguito di aver perso l'argomento originale della discussione. Tuttavia, quando c'è una chiara dimostrazione che tutto è stato detto, è ora di concludere la conversazione.

Fai un'impressione positiva quando chiudi

A volte le pause si insinuano naturalmente quando una conversazione cambia argomento e quando il tono generale della conversazione cambia. Questo cambiamento è il momento perfetto per chiudere la conversazione. Puoi farlo dicendo che ti piace quello che ha detto l'altra persona e di mostrare che la conversazione è stata importante. Se è qualcuno di familiare, concludi dicendo che ti manterrai in contatto. Si tratta di rafforzare la connessione che esiste anche quando ti separi. Lascia che non si sentano come se terminare la conversazione significasse che non sei più interessato a loro. Tuttavia, non è bene mantenere il momento di separazione troppo lungo, basterà una stretta di mano, un sorriso e un segnale di contatto visivo.

"Fai in modo che il giudizio degli altri non leda la tua sicurezza. Diversamente sarai un perdente."

Boris Baruffa

Capitolo 4. Riconosci l'ansia sociale e la timidezza

È normale sentirsi nervosi in alcune situazioni. Ma quando il grado della sensazione di ansia si intensifica a livelli più alti fino a sentirsi impauriti, impacciati e imbarazzati, pensando sempre di essere giudicati o valutati dagli altri, allora potresti soffrire di ansia sociale, chiamata anche fobia sociale. Le persone socialmente ansiose possiedono paura e ansia che gli fanno evitare persone e situazioni, e questo finisce per sconvolgere le loro vite. Le loro routine di lavoro, scuola, casa e altre attività vengono influenzate e disadattate in modo significativo. Principalmente l'ansia sociale influisce sulla propria salute mentale e ha un impatto negativo sulla capacità di sviluppare fiducia per interagire con le persone. Le persone socialmente ansiose sono piuttosto timide.

Persone diverse mostrano diversi livelli di comfort in situazioni diverse a seconda dei loro tratti di personalità e delle esperienze di vita vissute. In quanto tale, non tutte le manifestazioni di timidezza, specialmente nei bambini, denotano ansia sociale. Ci potrebbe essere altro a cui prestare attenzione per arrivare a una tale conclusione. Anche tra gli adulti, ci sono personalità estroverse e tipi di persone più "chiuse" che non sono necessariamente timide o socialmente ansiose. L'ansia sociale insorge fin dai primi anni dell'adolescenza, ma può anche iniziare da bambini o da adulti. Le persone socialmente ansiose sono sempre consapevoli delle situazioni in cui possono sentirsi giudicate da altre persone. Lo percepiscono dagli occhi di tutti e pensano di essere visti come inadeguati, quindi vogliono starne alla larga. Hanno davvero paura che qualunque cosa facciano, dicano o presentino alle persone le renderebbe imbarazzate o umiliate.

Le persone socialmente ansiose hanno un'intensa paura di interagire o parlare con estranei. Non sanno come avviare o sostenere una conversazione con persone che non conoscono. Spesso non riescono nemmeno a salutare e potrebbero non rispondere in modo udibile al saluto. Gli ansiosi sanno di essere ansiosi. Temono davvero che tutti gli altri notino la loro ansia dal loro aspetto o dai loro comportamenti. Sono incerti su come comportarsi in modo da mostrare la loro fiducia, e questo gli causa più ansia. Inoltre, causa loro imbarazzo e iniziano a sudare, arrossire e la loro voce diventa tremante.

Le persone socialmente ansiose dubitano della loro capacità di portare avanti una conversazione sana, di capire cosa viene detto loro e di usare termini appropriati. Questa è la stessa consapevolezza che gli fa pensare che potrebbero diventare il centro dell'attenzione per tutti. Non vogliono essere i relatori principali di un evento, o avere una lunga sessione affrontando un gruppo di persone, o diventare un argomento su cui il resto può osservare e apprendere o discutere questioni.

I fobici sono più inclini a pensare di non ricevere o comprendere correttamente le istruzioni e quindi temono di non fare bene le cose. Questo costituisce la base per sviluppare la paura di affrontare eventi in cui devono essere persone guida. Sono estremamente timorosi e ansiosi di farlo e cercano consapevolmente di evitare di commettere errori o di attirare la partecipazione della congregazione nel corso dell'azione. Semplicemente, non è naturale per loro essere soggetti a qualcosa di buono o cattivo, e potrebbero persino chiedersi perché è toccato proprio a loro.

Alla fine di una attività, i socialmente fobici credono di non aver mai dato il massimo. Pensano costantemente di aver escluso qualcosa di importante, non hanno detto perfettamente qualcosa, hanno enfatizzato eccessivamente un punto o un'attività banale ecc. Quindi iniziano a rimuginare su questo per un lungo periodo post-evento. Identificheranno i difetti nelle loro interazioni con le persone, nella loro attività e nelle loro presentazioni e tenderanno ad incolpare sé stessi perché non avrebbero dovuto intraprendere il primo passo, o come avrebbero potuto eseguire meglio le cose.

Le persone socialmente fobiche sono simili a pensatori eccessivi. Si aspettano che sorgano cose negative nel corso di ogni buona azione.

Quando le cose sembrano non andare molto bene o non come previsto, per loro è normale. Quando tutto va bene, è strano. Una persona socialmente fobica si aspetterà di non essere gradito dalla sua controparte e, oltre a ciò, percepirà un possibile conflitto che potrebbe rapidamente sfociare in una lotta o in uno scambio di abusi. Questa esperienza immaginaria gli farà desiderare di stare lontano dai guai stando lontano dalle persone o semplicemente non esprimendosi affatto.

L'ansia sociale nei bambini può manifestarsi sotto forma di pianto, scoppi d'ira, aggrapparsi strettamente e rigorosamente ai loro genitori e rifiutarsi di parlare con tutti. Nasconderanno la loro faccia. Un bambino socialmente ansioso può persino scappare di casa e finire in posti strani, strade, cespugli o piantagioni. Hanno paura di trovarsi faccia a faccia con le persone e temono la conseguenza di non essere in grado di parlare, che potrebbe essere una punizione, che non possono sopportare mentalmente.

Fisicamente, le persone socialmente fobiche arrossiscono molto. Non sanno come riconoscere l'apprezzamento e non sanno altrettanto bene come affrontare la delusione. L'ansia aumenta il battito cardiaco. Ciò è associato al fatto che non si trovano in uno stato naturale di agio, il che aumenta la loro attenzione alle incertezze interne ed esterne. Possono avere difficoltà a riprendere fiato a sufficienza. Il nervosismo sarà visto come tremore e sudorazione.

Alcuni sperimentano disturbi di stomaco e nausea, vertigini e sensazione di vuoto mentale. Questi sintomi caratterizzano la persona socialmente fobica come una persona che non vive la vita così com'è, ma è come se vivesse in un'altra "atmosfera nuvolosa" che sembra non quella naturale che conosciamo qui sulla terra. Alcuni sviluppano abitudini alimentari anormali, eccesso di cibo o sottoalimentazione, preferenza per certi cibi rispetto ad altri o addirittura dipendenza. Potrebbero anche sperimentare tensioni muscolari insolite le cui cause potrebbero non essere scientificamente fondate. Questo potrebbe spiegare come può portare a problemi di salute fisica.

Gli individui socialmente fobici tendono generalmente ad evitare eventi quotidiani come incontrare e interagire con persone sconosciute, partecipare a riunioni o feste sociali o familiari, andare a scuola o al lavoro, iniziare conversazioni, contatto visivo, mangiare davanti ad altre persone, usare bagni pubblici, entrare una stanza in cui le persone sono già sedute. L'ansia sociale può sfociare in una bassa autostima, nel pensare che la passività è la vita, dialogo interiore negativo, scarse abilità sociali, ipersensibilità alle critiche, basso rendimento scolastico e nella vita, abuso di droghe e sostanze o altre forme di abuso, ritiro dai circoli sociali e dalle relazioni.

L'ansia sociale influisce negativamente sulla fiducia in sé stessi e fa dubitare sulle capacità di svolgere compiti semplici o per affrontare le sfide che si potrebbero incontrare. Quando si arriva a un punto in cui le cose normali che le persone fanno sembrano troppo grandi e difficili da comprendere e da fare, allora associano la loro incapacità al loro valore, come basso o insignificante. Sviluppano anche la convinzione di essere mentalmente incompetenti rispetto ai loro coetanei e generalmente si tengono lontani dalla responsabilità.

Controllare la paura
Non dirlo a tutti

Non devi dire alla gente che tipo di persona sei. I tuoi più stretti collaboratori lo sanno già e sanno accettare e affrontare la tua situazione in modo positivo e costruttivo. Il resto del mondo non ha idea della tua timidezza e non ha alcun interesse ad essa, quindi, ignorali. La tua ansia non è visibile o amplificata come pensi.

Prenditi alla leggera

I tuoi amici lo faranno una volta ogni tanto, cioè parleranno della tua timidezza davanti a te. Non prenderlo così sul serio o sul personale. Probabilmente stanno cercando di sensibilizzarti per superarlo. E il modo migliore per iniziare è parlarne casualmente, per mantenere un tono leggero e amichevole. Ridici su. Parla anche tu a cuor leggero. Non fa davvero male. Aiuta.

Mantieni un tono di solidità

In alcune situazioni, sei destinato ad arrossire. A volte ti capiterà di agitarti. Ma fidati della tua solidità mentale e mantienila chiaramente al di sopra delle tue manifestazioni di debolezza o sottomissione. Riconosci il fatto di essere arrossito e dillo con tono fiducioso, per far capire al tuo pubblico o alla controparte che non sei debole come potrebbe sembrare.

Conosci completamente la tua individualità

Hai molto di più da raccontare e mostrare su di te. È improbabile che tu non sia mai stato bravo in qualcosa, così come è improbabile che tu non abbia mai raggiunto un obiettivo prima o che tu non abbia mai affrontato persone e individui. Definisci te stesso sulla base della somma di tutti i tuoi punti di forza e doti piuttosto che su un singolo tratto, e rispetta la tua vera identità. Come già detto, metti a tacere il tuo critico interiore.

Crea le tue relazioni con saggezza

Investi il tuo tempo per trovare e stringere amicizie e relazioni con persone che ti capiscono per quello che sei, con i tuoi punti di forza e i tuoi limiti. Abbi buona considerazione per le persone che sono cordiali, reattive e incoraggianti nei tuoi confronti. Dai e ricevi riconoscimenti in associazioni con cuore e mente aperta, e sicuramente aprirai le tue possibilità di crescita e prosperità.

Allontana i tuoi oppositori

Ognuno avrà qualcuno che agirà con crudeltà e sarcasmo nei propri confronti, e tu non fai eccezione. Semplicemente evitali. Molti a cui davvero non interessa quello che fai della tua vita, vorranno costringerti ad allontanarti dalle tue buone intenzioni al fine di mostrarti incapace e sconsiderato. Mantieni sempre una sana distanza di sicurezza da loro.

Osserva attentamente

Molte persone sono troppo dure con sé stesse, pensando di essere gli unici che hanno fatto scelte sbagliate nella vita e stanno quindi conducendo una vita piena di rammarico. Ma con un po' più di attenzione a osservare davvero come gli altri conducono la loro vita, noterai che anche loro mostrano segni di debolezza e insicurezza. Non sei solo. Ma puoi stare meglio se hai preso le misure necessarie per liberarti dall'autocritica e condurre una vita più libera, volontariamente e premurosamente.

Guarda il quadro generale

Quando una o due cose vanno storte in una situazione, non devi dare la colpa ai tuoi brutti incantesimi. La tua timidezza per lo più non ha nulla a che fare con ciò che va storto. In ogni evento, ci sono diversi giocatori, ognuno con il proprio ruolo e contribuisce al suo completamento con successo. Non è sempre un tuo errore. Inoltre, il fatto che qualcosa sia andato storto all'inizio non significa che non possa migliorare con il tempo. Allo stesso modo, gli eventi negativi minori non superano le molte cose positive che accadono. Sappi che il risultato previsto di un processo non è determinato da un singolo evento fuorviante.

Vedi te stesso sotto una luce migliore

Il socialmente fobico normalmente ha un'immagine negativa di sé stesso e del suo portamento. Pensa di non meritare molto credito, pensa di essere irredimibile, ma non è vero. Le persone vedono più positivamente di quanto pensi. Sanno che hai un potenziale maggiore. Sanno che ti devono più rispetto. Pensa a te stesso in questo modo e sarai pronto a migliorare il tuo corso di crescita e sviluppo come persona.

Sminuisci e affronta le tue paure

Allora, ti stai preparando per il prossimo evento o attività e stai sviluppando paura e ansia come al solito. Invece di congelarti sui pensieri delle paure, fissali e ignorali. La decisione che prendi di zoomare sull'affrontare le tue paure è fondamentale per acquisire la proprietà e il controllo delle tue attività, in questo modo ti assicuri che tutto vada secondo le tue intenzioni. Trova il tempo ogni giorno per annotare le preoccupazioni e le seccature che lasciano perplessi i tuoi pensieri. Fai un piano per risolvere ognuna di queste preoccupazioni con zelo e impegno, ogni singolo giorno. Alcune possono essere messe a tacere subito, mentre altri possono essere risolti alla fine della giornata. Ce ne sono altre invece, che semplicemente richiedono di affrontarle valutando i tuoi piani a lungo termine e rimanendo ottimista sul fatto che i tuoi obiettivi si realizzeranno se debitamente lavorati.

Superare l'ansia sociale
Sfida le tue tendenze alla negatività

Le tue tendenze predefinite come fobico sociale, sono quelle di pensare di non avere il controllo sui tuoi sentimenti e sulle tue azioni. Inizia a pensare che puoi fare qualcosa per i tuoi sentimenti e i tuoi pensieri, come imparare a metterli in discussione e man mano che sorgono, capire cosa significano veramente e se è utile per te onorarli.

Pratica la consapevolezza

Praticare la consapevolezza è semplicemente allenarsi a essere presenti quando si pensa, si sente o si decide qualsiasi cosa si voglia fare. Sii presente con te stesso e consapevole di ciò che vuoi ottenere dall'immaginazione e dalle azioni, ed assicurati di attraversare attivamente e sobriamente il processo. Essere consapevoli ti aiuta a non giudicare te stesso, ma a capire e regolarti fino a raggiungere il tuo obiettivo.

Prenditi del tempo

Il fobico cerca di rimanere in ambienti familiari e di fare le stesse cose più e più volte. Ma puoi prefiggerti l'obiettivo di provare nuovi posti con calma. Invece di lavorare da casa tua, prova a portare il tuo laptop al bar o al parco, ecc. E lavora da lì. Osserva come le persone si incontrano e conversano lì. Il pensiero di esporsi al nuovo ambiente rilassato aprirà il tuo essere sociale e ti aiuterà a espandere la tua ricettività e interessi sociali in un mondo più ampio.

Guarisci te stesso in anticipo

Identifica alcune situazioni terribili nella tua vita sociale ed elencale in ordine crescente di impatto. Esponiti a questi eventi cominciando dal meno terribile al più terribile. Ad esempio, inizia semplicemente entrando in una stanza buia e rimanendoci un po' prima di accendere le luci o uscire. Quindi cammina per le strade e prova a salutare gli estranei. L'obiettivo non è vedere come risponderanno, ma il fatto che hai superato la tua paura e hai fatto qualcosa che inizialmente temevi. Ripeti queste azioni finché non diventano naturali.

Concentrati sull'attività o sull'evento

Quando ti prepari per un'attività o un evento, concentrati sul dare tutta la tua attenzione in modo da farlo nel miglior modo possibile. Non pensare ai tuoi limiti, ma a cosa devi fare e a modellarlo nel miglior modo possibile per le tue capacità. Vestiti bene per l'evento e partecipa al colloquio sapendo che hai fatto tutto il possibile per rendere l'evento un successo. Tieni anche a mente che tutti sono interessati al completamento dell'attività in corso, non a te. Più ti concentri sul compito, più composto diventi e più intuizione ottieni e offri. Questo è ciò che è necessario per iniziare.

Abbina il tuo stile di vita

Conosci i tuoi cibi, esercizi, vestiti, colori e acconciature, ecc.. Leggi libri, prova nuovi hobby, ecc. Evita cibi che sconvolgono il tuo umore. Dare un'adeguata attenzione a te stesso, al tuo corpo, alla tua mente, alla tua prospettiva, ti prepara ad azioni e risultati positivi. L'ottimismo e la positività vanno con una prospettiva positiva. Essere al top con te stesso, ti mette al top con il resto del mondo.

Infine, sii gentile con te stesso e ricorda sempre di agire con sicurezza. Una combinazione di tutti questi fattori ti aiuterà ad affrontare le tue paure.

Capitolo 5. Fiducia in sé stessi e amore per sé stessi

Tutti desiderano essere felici, soddisfatti e avere successo in quello che fanno, tuttavia, questo non viene servito su un piatto d'argento. Ci sono molti fattori che contribuiscono a renderlo possibile, uno dei quali è la fiducia in sé stessi. Questo capitolo è dedicato a far luce sul motivo per cui è necessario sviluppare la fiducia in sé stessi.

La fiducia in sé stessi è avere fiducia delle proprie capacità e fede in sé stessi per superare qualsiasi ostacolo o sfida che si presenterà. È la fiducia in te stesso che ti tiene in carreggiata quando il gioco si fa duro. È l'ingrediente di cui hai bisogno per andare avanti quando tutti dubitano delle tue capacità. La fiducia in sé stessi non significa essere in grado di combattere da soli tutte le sfide, si tratta anche di avere la saggezza per comprendere le tue restrizioni e limitazioni, nonché i modi per rimediare.

Come conoscere una persona sicura?

Quando hai un obiettivo e una passione, non tutti lo condivideranno, inoltre, l'obiettivo non avrà senso per tutti. Di conseguenza, non è raro che le persone miopi critichino i tuoi sforzi. Una persona sicura di sé è abbastanza intelligente da ammettere gli errori, imparare da loro e andare avanti senza preoccuparsi di ciò che pensano gli altri. La vita ci pone difficoltà e sfide in ogni passo del nostro cammino, tuttavia, una persona sicura di sé supererà tutto questo e di conseguenza, offrirà volentieri aiuto a coloro che ne hanno bisogno.

Perché la fiducia in sé stessi è importante?

Mentre attraversi la vita e tutto ciò che ti getta addosso, è importante essere in grado di mantenere la tua vita in ordine e rimanere in pista. Nella nostra ricerca del pane quotidiano e nel tentativo di perseguire la nostra passione, la capacità di andare avanti è molto importante, nonostante tutto ciò che potrà accadere. È la fiducia in te stesso che ti impedirà di essere sopraffatto e ingannato, ed è un ingrediente fondamentale per il nostro successo. Questo è il motivo per cui la fiducia in sé stessi è uno degli attributi principali dei grandi leader. Se ti stai chiedendo perché la fiducia in te stesso è importante, ecco alcuni punti convincenti per i quali devi sviluppare la tua autostima.

Costruisci la tua resilienza
Secondo Friedrich Nietzsche, "Ciò che non ti uccide ti rende più forte".

Questa è una teoria che ha come scopo quello di dimostrare che i tempi difficili non sono lì per tagliarci le ali. Inoltre, ci vuole coraggio e determinazione per affrontare le sfide che possono "uccidere qualcuno". Finché sei umano, sei destinato ad affrontare battute d'arresto e fallimenti, indipendentemente dal tuo livello di fiducia. Il compito della fiducia in sé stessi è la capacità di gestire queste sfide e situazioni difficili in modo tale da uscirne forti. Tieni presente che a volte le cose non andranno come previsto, ma puoi superare le delusioni. Con il tempo, per ogni ostacolo che superi, scoprirai che errori e battute d'arresto sono tutti ingredienti del tuo percorso di crescita e successo. Con la fiducia in sé stessi, la paura del fallimento è fuori mano. Con questa logica, aprirsi a nuovi orizzonti non ti spaventerà poiché sei sicuro della tua capacità di sollevarti.

La fiducia in te stesso ti aiuta a ottenere ciò che desideri
C'è un modo in cui le persone sicure di sé si comportano. In una discussione, ad esempio, un oratore che coinvolge il pubblico mantenendo il contatto visivo in modo uniforme nella stanza e rende il pubblico parte della discussione si sentirà sicuro. Una persona sicura di sé non ha paura di esprimersi per ottenere ciò che vuole. Questo è diverso dall'essere arroganti, perché la fiducia in te stesso ti aiuta a coinvolgere gli altri, a fare le domande giuste per ottenere ciò che desideri, in altre parole, sai come giocare bene le tue carte. Questo spiega perché un datore di lavoro preferirebbe assumere un candidato che mostra fiducia in un colloquio, rispetto a un altro, indipendentemente dalla sua brillantezza. Una persona brillante, senza fiducia in sé stessa, potrebbe persino avere difficoltà a esprimersi in modo articolato per ottenere ciò che vuole.

La fiducia in sé stessi alimenta il tuo sogno

Molte persone hanno in mente la vita ideale che hanno sempre desiderato. Tuttavia, scoprono che non riescono a renderla una realtà. Molte volte, ciò che manca a queste persone è la fiducia a perseguire ciò che vogliono. Essere sicuri di sé non significa che la vita sarà roseo e avrai tutto ciò di cui hai bisogno per realizzare ciò a cui miri. Tuttavia, con la fiducia arriverà anche la certezza che potrai realizzare ciò che ti sei prefissato. Come discusso nel paragrafo iniziale, la fiducia in te stesso ti dà il coraggio di perseguire qualcosa, anche se molti altri non hanno fiducia in te. Tra le altre cose, è ciò che ti farà andare avanti, assicurandoti di rimanere fedele al compito, contro ogni previsione.

Puoi avere relazioni migliori

Uno degli attributi delle persone meno sicure è che diventano meno concentrate e ossessionate da sé stesse. Se n'è già parlato prima, alcune volte ci facciamo influenzare dalle opinioni degli altri e si cerca la loro approvazione. Si vive con il pensiero che le persone ci valutavano costantemente e scrutano attentamente ogni parola. La realtà, tuttavia, è che questo non è sempre vero. Le persone sono più coinvolte nella propria vita, nelle sfide e nelle loro preoccupazioni, piuttosto che esaminare un'altra persona. Quindi, quando migliori la tua autostima, costruirai relazioni e interazioni migliori perché non ti preoccuperai così tanto di ciò che la gente pensa di te. Questo ti manterrà rilassato e concentrato sulla costruzione di relazioni migliori.

Devi prendere le decisioni giuste

Se si ha la tendenza a voler compiacere gli altri, piuttosto che fare quello che va fatto, la conseguenza potrebbe essere quella di prendere decisioni sbagliate. Le persone sicure di sé, invece, prendono decisioni che vanno di pari passo con i loro desideri e i loro obiettivi. Sono appassionati di ciò che li spinge e si aspettano che gli altri vedano e credano nei loro sogni e visioni, piuttosto che vivere la vita per compiacere gli altri. Questo aiuterà molto a prendere la giusta decisione.

La fiducia in sé stessi favorisce la produttività

Molti dei punti che abbiamo discusso sopra, si possono tradurre con il fatto che la fiducia in sé stessi aumenta la produttività. Con la fiducia in te stesso, puoi perseguire il tuo sogno, perseguire ciò che desideri con zelo e determinazione e costruire la resilienza. Insieme, questi tratti aiutano a migliorare la tua produttività. Di contro, la mancanza o inadeguata fiducia in sé stessi, ti impedirà di concentrarti sul compito che devi svolgere, e questo andrà contro la tua produttività. Quindi, essere fiduciosi nelle proprie capacità, ti renderà produttivo.

L'importanza dell'amor proprio

Se c'è una lezione importante che bisogna imparare e che bisogna affondare nella propria coscienza, è che sei la persona più importante dell'universo. Non so quanti anni hai vissuto su questo pianeta, ma sei sopravvissuto a tutte le avversità e sei ancora in piedi. Ti sei ribellato contro le maree e contro tutto ciò che la vita ti ha gettato addosso. Se ti confronti all'intero universo, potresti essere solo un altro essere, ma nel tuo mondo sei importante, sei molto importante!

Nel migliorare le tue abilità sociali e sviluppare la fiducia in te stesso, l'importanza di amare te stesso non può essere sottovalutata. È una delle cose migliori che puoi fare per te. La sezione precedente parla della fiducia in sé stessi, ma devi sapere che amare te stesso fa parte della ricetta per svilupparla. Amare te stesso è il segreto per una vita felice e contenta. Quando sei in pace con te stesso, questo si rifletterà sul modo in cui ti comporti e ti relazioni con gli altri e sulle tue abilità sociali. C'è così tanto nell'amarsi che è la chiave per una vita spensierata, una vita priva di preoccupazioni e paragoni malsani che potrebbero abbattere la tua fiducia e le tue abilità sociali. Ciò non sorprende, poiché l'uomo per natura, è programmato per essere il suo più grande critico.

Tendiamo ad essere più duri con noi stessi che con gli altri. Con il tempo, mentre questa ostilità per noi stessi progredisce, penetra profondamente in varie parti della nostra vita. Questo atteggiamento abbassa gradualmente il nostro livello di fiducia, ruba la nostra autostima e il risultato è lampante: scarse abilità sociali. Questo è il motivo per cui amare te stesso è una delle cose più importanti che puoi fare per aumentare la tua autostima e, a sua volta, migliorare le tue abilità sociali.

Ora ecco la domanda: come puoi amare te stesso? Ci sono molte cose che puoi fare per sviluppare l'amor proprio, di seguito ne abbiamo selezionate alcune che puoi applicare per vedere un miglioramento significativo nella tua vita.

Avere tempo per te stesso

Per avere tempo per te stesso, intendiamo avere tempo per fare ciò che ami. Potrebbero essere alcuni giorni separati in un mese o poche ore in un giorno. Questo è uno dei modi migliori per sviluppare l'amor proprio. Potrebbe significare andare al cinema, uscire da solo o in compagnia, coltivare un giardino, provare qualcosa di nuovo. L'idea è di trascorrere del tempo e mettersi a proprio agio con sé stessi per sviluppare le proprie abilità sociali.

Concediti una pausa

A volte è naturale per noi essere duri con noi stessi. Abbiamo fissato alcuni standard irrealistici per noi stessi, standard che invece non usiamo per gli altri. Essere troppo duro con te stesso per i tuoi errori può avere alcuni effetti psicologici negativi su di te. Ciò influenzerà la tua autostima e la tua capacità di migliorare le tue abilità sociali. Nessuno è perfetto, quindi, a volte commetteremo degli errori. Quando lo fai, impara dai tuoi errori, rialzati e vai avanti.

Dire di no agli altri senza sentirsi in colpa

Una delle cose che distingue le persone sicure di sé, è la capacità di vivere la propria vita senza preoccuparsi troppo dell'approvazione degli altri. Piacere agli altri non è nel loro dizionario, a differenza delle persone a cui manca l'amore per sé stessi. La capacità di dire rispettosamente di no agli altri, quando necessario, è essenziale per promuovere l'amor proprio.

Tieni un elenco dei tuoi risultati

Non si tratta di essere orgogliosi, si tratta di avere orgoglio in te stesso e nelle tue capacità di far accadere le cose come desideri. A volte, la motivazione di cui hai bisogno per andare avanti viene trovata all'interno. In altre parole, guardare indietro a quanto lontano sei arrivato, può riaccendere un po' di motivazione in te stesso e nelle tue capacità. La soddisfazione e la speranza di ciò che sei stato in grado di ottenere potrebbero essere la "luce" necessaria per vedere l'enorme potenziale nascosto che c'è in te. Sii orgoglioso di ciò che hai ottenuto e concediti il merito.

Lascia andare il passato oscuro e le ferite

Nessuno è perfetto, e il fatto che tu sia umano ti fa capire che commetterai errori. Alcuni errori sono semplici da dimenticare mentre altri persistono. Il peso di questi errori del passato potrebbe trattenerti e impedirti di vivere la vita al massimo, frenando così i tuoi progressi e influenzando il rapporto che hai con te stesso. Devi renderti conto che tutti hanno un passato discutibile, quindi, devi smetterla di essere duro con te stesso. Questo ti rende solo un essere umano, non una persona cattiva. Con questo in mente, devi lasciare andare il passato oscuro che ti ha trattenuto, per sviluppare invece amore per te stesso.

Stai lontano dalle persone che ti abbattono

In altre parole, abbi coscienza del tuo valore. Gli individui che non aggiungono valore alla tua vita o ignorano il tuo valore, è meglio che restino fuori dalla tua vita. Stare vicino a chi ti abbatte diminuirà la tua autostima e influenzerà le tue abilità sociali. Le persone con cui vale la pena essere amici dovrebbero essere quelle che ti ispirano, ti motivano e ti portano al successo. Dovrebbero sostenerti e farti andare avanti nonostante tutte le eventualità.

Apporta i cambiamenti necessari nella tua vita

L'unica cosa costante nella vita è il cambiamento. Inoltre, tieni presente che non c'è nessuno o niente che possa mantenerti felice per tutta la vita. Se le persone riescono a mantenersi felici per molto tempo, il tasso di divorzio non sarebbe così alto. Il punto qui è che devi sentirti a tuo agio nel fare ciò che non hai fatto prima. L'esperienza che deriva dal provare cose nuove è sufficiente per aiutarti a sviluppare il tipo di amore e motivazione di cui hai bisogno per andare avanti.

Sii grato per quello che hai

Ormai ci siamo resi conto che le cose non andranno sempre a modo nostro. Tuttavia, imparare ad accettare ciò che la vita ti lancia è una delle chiavi per essere felice e contento della tua vita.

Inoltre, molte persone desiderano essere dove sei tu. Anche se potresti non avere voce in capitolo su ciò che la vita ti riserva, hai il controllo del modo in cui reagisci. Quindi, scegliere di essere grato per quello che hai ti aiuterà a sviluppare l'amor proprio.

"La vita è difficile. Poi muori, dopodiché ti gettano della terra in faccia e diventi cibo per vermi.

Devi essere grato che tutto avvenga esattamente in quest'ordine."

David Gerrold

Capitolo 6. Esercizi che puoi fare per migliorare le tue abilità sociali

Ecco alcuni trucchi ed esercizi molto utili che puoi provare nel tuo tempo libero per aiutarti ad avvicinarti al tuo obiettivo di ottenere un maggiore carisma. Mentre un cambiamento totale di atteggiamento, da negativo a positivo, da insicuro a fiducioso, da avido a grato, richiede tempo e una quantità costante di determinazione ed energia, gli esercizi possono aiutarti a mettere a punto e affinare le tue abilità per brillare davvero quando ne hai più bisogno.

1. Esercizio per costruire un rapporto

Gli esseri umani sono in gran parte esseri guidati dalle emozioni. Pochissimi di noi usano la logica. Quando trasmetti carisma e fiducia, non avrai successo se le persone non si fidano di te, questa è l'essenza del rapporto.

Fai questo esercizio con qualcuno che ancora non conosci. Questo può sembrare scoraggiante, persino spaventoso, ma non sapranno che è un esercizio, solo tu lo saprai e ti porterà a cercare di costruire un rapporto istantaneo. Se non funziona la prima volta, riprova!

Il significato di autentica connessione è difficile da esprimere a parole, ma è lo stesso modo in cui sappiamo immediatamente se qualcosa è inappropriato o addirittura osceno: è una reazione istintiva, quasi primordiale. Quando provi una connessione genuina con qualcuno, questi sono alcuni dei segni che riscontrerai:

- un sorriso o una risata improvvisi e genuini

- la condivisione di un fatto, un sentimento o una storia personale

- l'altra persona che abbassa la guardia

Quando sei colto in un momento con qualcuno, e per colto intendo che sei con qualcuno nello stesso momento per coincidenza, come in una fila alla cassa in un negozio, in un ascensore, in attesa in un aeroporto o sui mezzi pubblici, cerca di fare una breve conversazione con loro. Puoi chiedere loro come sta andando il loro turno, come va in generale o cosa pensano di un prodotto che stai acquistando.

In una situazione come in un ascensore, la scelta di una domanda o un argomento non invasivo è importante, soprattutto se sei maschio e l'unica altra persona è una donna. Ai fini di questo esercizio, in quella situazione, è meglio aspettare un'altra opportunità, poiché le donne sono spesso in guardia nei confronti di uomini che non conoscono, per ovvie ragioni. Non vogliamo che qualcuno abbia paura o disagio per il gusto di un esercizio.

Tuttavia, se la persona con cui stai è ovviamente felice (se sorride, ad esempio) puoi chiedere loro: "Qual è il tuo segreto per essere di ottimo umore?" Assicurati di sorridere anche tu in modo da non essere accidentalmente frainteso come sarcastico. Cerca qualche componente della loro risposta che ti aiuti a creare una conversazione. Diciamo, ad esempio, che rispondano: "Mi piace essere allegro. Mia madre mi ha cresciuto per guardare sempre il lato positivo", puoi dire: "Questo è un buon modo di guardare la vita". Se la conversazione continua perché hanno condiviso qualcosa di personale come questo, allora sai di aver ottenuto una vittoria nell'esercizio. In funzione della risposta, comunque, capirai se è disposto a conversare oppure no.

2. Esercizi per ridurre istantaneamente lo stress

Potresti chiedere: Perché devo ridurre lo stress, nel bel mezzo di un libro sul miglioramento del carisma? Il ragionamento alla base di questo è che tutti noi portiamo stress, visibilmente, nel nostro corpo, nei nostri volti e nei nostri occhi. Altre persone possono percepirlo da un miglio di distanza, e mentre la felicità è contagiosa, lo sono anche l'ansia e lo stress. Potremmo anche non renderci conto che stiamo trattenendo lo stress, è naturale. Tuttavia, se impariamo trucchi istantanei per lasciarlo andare, possiamo allontanare lo stress dal nostro corpo prima di entrare ad una festa, un appuntamento, un incontro o un colloquio.

Per calmare lo stress, il respiro è straordinariamente potente. Ne abbiamo bisogno per vivere e respiriamo migliaia di volte al giorno senza concentrarci su di essa o controllarla. Quando scegliamo di controllarlo, tuttavia, il respiro può essere uno strumento efficace da utilizzare per calmare la mente e rilassare il corpo. Pensa a quando sei dal dottore per un semplice controllo e ti chiede di respirare in modo che possa ascoltare il tuo battito cardiaco. A meno che non ci sentiamo male o di cattivo umore, questo momento ci calma quasi istantaneamente, giusto?

In casa, nella tua macchina, nell'ascensore, nell'atrio dell'edificio, ovunque tu possa fare una serie di respiri lenti e profondi, inspira attraverso il naso, profondamente, gonfiando prima lo stomaco e poi il torace, così da usare il diaframma, ed espira attraverso la bocca in maniera inversa, svuotando prima il torace e poi lo stomaco. Trattieni il respiro per qualche secondo. Immagina l'aria fresca che hai appena preso, che ti circonda e si aggrappa allo stress nel tuo corpo, quindi quando espiri attraverso la bocca, immagina lo stress che lascia il tuo corpo, per non tornare mai più. Fallo più volte e sentirai allontanare lo stress da tutto il tuo corpo.

Esercizio facciale: i nostri volti possono essere esausti, soprattutto quando abbiamo a che fare con altre persone tutto il giorno. Rinfresca i muscoli facciali prendendoti un momento in privato (puoi farlo davanti allo specchio del bagno al lavoro o in un ristorante se non sei a casa) e spostando la tua faccia in più posizioni diverse. Sembrerà molto sciocco quando lo fai, ma funziona! Gli attori spesso lo fanno prima che il regista inizi a girare una scena, solo per "resettare" il loro viso e fornire espressioni facciali credibili.

3. Lo spostamento focale istantaneo

Quando entri in una stanza in cui ci sono delle persone, è bene spostare immediatamente il tuo punto di attenzione verso gli altri perché le persone notano quando qualcuno sta prestando loro attenzione e rispondono positivamente a questo. Questo è qualcosa che molti di noi non riescono a considerare quando entrano in un contesto simile. Ci concentriamo principalmente su a) arrivarci, b) trovare un posto dove sedersi e c) raccogliere i nostri pensieri. Per fare un'ottima impressione, devi riunire i tuoi pensieri prima di entrare, poi, quando varchi la porta, guarda tutti nella stanza e prova a sorridere sinceramente. Una volta che hai riconosciuto tutti, è allora che puoi cercare un posto, che di solito, qualcuno ti indicherà, e questa sarà una grande opportunità per iniziare le cose con un "Grazie".

Focalizzare la tua attenzione su altre persone invece che su te stesso ha l'ulteriore vantaggio di allontanare la tua mente da qualsiasi nervosismo, insicurezza o cattive abitudini che potresti avere, infatti quando smetti di concentrarti su te stesso, è più facile proiettare fiducia, piuttosto che trasudare ansia.

4. Prova una posa potente

Uno dei modi più veloci per hackerare il cervello umano e provocare una ripresa interiore di fiducia è attraverso il linguaggio del corpo. Un professore di Harvard ha condotto uno studio in cui ai volontari è stato chiesto di assumere pose di sicurezza e pose di insicurezza. Quando i volontari hanno posato con sicurezza, i loro livelli di cortisolo, l'ormone prodotto durante i periodi di stress, sono diminuiti e i loro livelli di testosterone sono aumentati. Le pose insicure hanno avuto l'effetto opposto.

Vuoi un aumento istantaneo della tua fiducia? Ecco alcune pose fisiche da fare per aumentare istantaneamente la fiducia chimica nel tuo cervello:

- Alla scrivania, appoggiarsi comodamente allo schienale della sedia con i piedi distesi, quindi incrociare le mani dietro la testa.
- Stare di fronte a un tavolo e piegarsi in avanti per appoggiare il peso sulle mani tenendo i palmi sulla superficie del tavolo.
- Stare in piedi, i piedi divaricati, con le mani sui fianchi.
- Siediti sulla sedia e poi appoggiati allo schienale. Incrocia una gamba sul ginocchio dell'altra, appoggiando la caviglia sul ginocchio. Di nuovo, le mani sono tenute dietro la testa, incrociate e la cullano.

- Siediti sulla sedia con le gambe divaricate e appoggia il braccio sullo schienale di una sedia vuota accanto a te.

5. Chiedi a un amico di diventare il tuo partner di carisma

Molti di noi sono titubanti, addirittura detestano chiedere aiuto quando si tratta di sentimenti ed emozioni. La fiducia è un sentimento, e all'inizio, quando stai solo imparando a diventare più carismatico, perdere la fiducia può essere tanto facile quanto acquisirla. Ripetiamo, non dovrebbe esserci vergogna in questo. La vergogna è un'emozione inutile e non farà che trattenerti. Chiedendo aiuto, stai dimostrando che sei una persona forte che sa quando ha bisogno di assistenza. Le persone forti risolvono i problemi, le persone più deboli ignorano i loro problemi a causa del loro ego o del loro orgoglio.

Quando la tua fiducia sta diminuendo, contatta un amico fidato per chiedere aiuto. Gli studi dimostrano che le persone che ricevono una spinta da amici o coetanei, godono di effetti curativi a lungo termine da tale connessione, che a sua volta aumenta la loro fiducia generale. Al contrario, potrai essere la sua ancora di salvezza quando sarà il tuo amico ad avere bisogno di aiuto.

6. Usa la musica per tirarti su

La musica è uno strumento incredibilmente potente quando vogliamo dare una spinta al nostro cervello. La musica può aiutare la giornata lavorativa a passare più velocemente, può aiutare un viaggio a diventare più memorabile, può metterci in contatto in grandi gruppi e ci permette di attingere alle nostre emozioni più profonde. Ascoltando una canzone ad alta energia, i tuoi livelli di serotonina ed endorfina aumenteranno naturalmente, la tua tensione diminuirà e la tua sicurezza salirà alle stelle. Gli studi hanno scoperto che le canzoni con una linea di basso più pesante funzionano meglio per stimolarci, pensa per esempio agli inni rock o alle canzoni da ballo da stadio. Crea una breve playlist che possa diventare un punto di riferimento nei giorni in cui hai bisogno di questo tipo di aiuto.

7. Adotta un "alter ego"

All'inizio, potresti pensare, aspetta, sul serio? Fingere di essere qualcuno che non sono? Più o meno, ma in realtà stiamo parlando di essere una versione diversa di te. Celebrità, artisti e persino artisti marziali misti e lottatori professionisti lo fanno. Va bene avere lati diversi di te stesso, questo è molto naturale. Quindi considera di coltivare la versione "grande energia" di te stesso quando hai bisogno di una fiducia in te stesso.

Uno dei modi più semplici per praticare questo cambiamento di energia è immaginare un personaggio carismatico, potente e presente, quindi essere quel personaggio durante la tua prossima telefonata relativa al lavoro, per esempio. Chiediti cosa sceglierebbe di fare questo personaggio, come agirebbe e cosa direbbe? Dopo un po', svilupperai e utilizzerai il tuo set di abilità basato sul Carisma, ma interpretare un ruolo nel frattempo può aiutarti ad adottare alcune delle tecniche e dello stile del tuo alter ego.

8. Rifiuta di consentire un'immagine di sé meno che eccezionale

Questo è un problema così ampiamente trascurato che spesso è l'ultima cosa a cui pensiamo, anche se dovrebbe essere la nostra priorità! Qual è l'immagine che hai di te stesso? Quando esci di casa per vivere la tua giornata, ti senti un po' un impostore? Se il tuo guscio esterno non corrisponde al tuo nucleo interno, si noterà. Vogliamo apparire presenti, autentici, caldi e reali. Come possiamo farlo se invece la nostra immagine di sé è spaventata, indisposta, insicura e distorta?

Prenditi del tempo per guardarti dentro. Sii onesto su ciò che vedi. Ti senti bene con l'immagine di te che stai immaginando? In caso contrario, è il momento di fare alcuni passi:

- Quando ti immagini, immagina prima il tuo corpo. Questo può essere scomodo per quelli di noi con problemi legati al corpo, come il nostro peso, il nostro fisico, la nostra altezza o un'area specifica del corpo. Quindi, immagina se un artista grafico usasse Photoshop per farti sembrare migliore. Vedi quell'immagine migliorata nella tua mente. Ora, ogni volta che immagini come appari, guarda quell'immagine migliorata e presto la emanerai e la proietterai. È così che ti vedranno gli altri.

- Al di là della tua persona fisica, come vedi il tuo atteggiamento, il tuo potere personale e la tua energia? Se non sei soddisfatto, puoi migliorare anche quello, usando la tua mente per ridisegnare quella persona che vedi. Immagina di essere fiducioso, vincente e carismatico con gli altri. Rifiuta di vedere l'immagine precedente, la nuova immagine è la tua realtà.

- Elimina i pensieri negativi dalla tua testa. Questo è importante! Ne abbiamo discusso in precedenza, ma è essenziale per quella migliore immagine di sé che segui. Nell'istante in cui un pensiero negativo si fa strada nella tua testa, eliminalo! Non lasciarlo indugiare per un minuto. Non hai il tempo o l'energia per farlo. Pensa sempre... pensieri positivi! Un esempio: molti di noi hanno reazioni istantanee a problemi frustranti, del tipo, "Questo è troppo difficile" e "Non posso" o "Questa è una brutta giornata". Sono tutti pensieri controproducenti, ti renderanno letteralmente la situazione più difficile. Definire un giorno come "cattivo" assicurerà che sia brutto veramente. Perché accontentarsi di questo quando hai il potere di cambiare le cose con semplici pensieri e parole? Invece di "Questo è troppo difficile", dì "Ho questo" o "Posso farlo", quindi concediti il tempo necessario per pensarci bene, provare approcci diversi e portarlo a termine, e non avere mai paura di chiedere aiuto. Piuttosto che dire "Non posso", dì "Troverò un modo". Invece di dire "Questa è una brutta giornata", concediti il permesso di dire "Questa è una giornata impegnativa" e valuta la possibilità di ammettere che probabilmente imparerai molto da questa giornata.

- Scopri chi sei. Se non conosci te stesso, sarai mal equipaggiato per sconfiggere le tue cattive abitudini e pensieri. Conoscere noi stessi significa imparare sia il bene che il male. Una volta fatto, possiamo utilizzare la nostra forza e saggezza per cambiare quel male in bene.

- Sii una persona d'azione. Agire in modo positivo attiverà tutte le altre aree di te stesso e farà sì che anche loro siano positive. La positività è essenziale per il successo quando si tratta di carisma e fiducia. Le persone diventano ciò che scelgono di essere. Le tue scelte costruiscono il tuo futuro, giorno dopo giorno. Se scegli di vivere positivamente, diventerai più positivo, è semplice.
- Scegli di essere gentile e generoso. Potresti pensare che sia un po' stupido, ma gli studi dimostrano che quando le persone scelgono di essere gentili, diventano più potenti. Un atto gentile fornisce un'ondata istantanea di empatia e presenza, che a sua volta attiva il nostro carisma. Essere generosi attinge ai tuoi sentimenti riguardo all'abbondanza e alla gratitudine. Scegli di agire con gentilezza e generosità quando puoi, presto sarai rapito dai sentimenti e dai feedback positivi che derivano dal vivere in questo modo.
- Diventa uno studente per tutta la vita. Prenditi del tempo ogni giorno per mettere in pratica qualcosa in cui vuoi essere competente, studia le cose che vuoi conservare. Quando aumenti il tuo livello di competenze, si trasferirà naturalmente nella tua sicurezza.
- Rallenta il tuo discorso. Non troppo lento, ma nemmeno veloce. Le persone che parlano troppo velocemente lo fanno perché hanno paura di finire il tempo, o l'attenzione dell'altra persona, o entrambi. Quando parli con uno scopo, attiri l'attenzione. Non in modo energico, ma in un modo che mostra che stai parlando da un luogo di forza e convinzione interiore.
- Costruisci la tua fiducia stabilendo obiettivi piccoli e realistici, per poi raggiungerli. In questo modo, stai dimostrando a te stesso che sei capace di ottenere risultati.
- Sbarazzarsi delle cattive abitudini, una alla volta. Riconoscere le tue cattive abitudini, cominciando da quelle piccole, ti darà la sicurezza di cui hai bisogno per affrontare abitudini più grandi che devono cambiare. Prova a svegliarti qualche minuto prima ogni giorno o camminare altri 15 minuti quando esci per fare esercizio. Insomma, comincia dalle piccole cose.

- Sii una persona basata sulla soluzione. Se il tuo punto di vista tende a stagnarsi sui problemi, cioè, vedi qual è il problema, lo descrivi e ti fermi qui, allora è il momento di spostare l'attenzione e diventare la persona che ha un'idea di come risolvere il problema. Non lasciare che la frase termini con il problema, invece dì "Possiamo vedere che questo è il problema e penso che fare (a, b, o c) sia un modo in cui possiamo provare a risolverlo". Quando si tratta di questioni personali, prendi pensieri negativi come "Procrastino sempre" e girali dicendo "Come posso imparare a smettere di rimandare le cose?" Quindi concentrati sulla soluzione.

- Scegli di fare volontariato in qualche modo. Questo risale all'essere generosi e gentili, ma fa un ulteriore passo avanti in quanto sarai circondato da persone che non ti sono familiari (all'inizio). Questo unisce l'importanza della generosità con l'opportunità di mettere in pratica le tue abilità di carisma.

9. Diventa un comunicatore intuitivo

Quando qualcuno ti parla, ci sono tecniche importanti che dovresti usare. Primo, non cercare mai di anticipare le loro parole o finire le loro frasi. Anche se sai dove sta andando il loro discorso, lascia che parlino, questa è la loro storia da raccontare e, dandogli spazio, stai mostrando loro rispetto. Sii presente mentre ascolti. Ricorda, il carisma richiede lavoro ed essere un buon ascoltatore richiede un investimento di tempo e pazienza. Quando la persona ha finito, aspetta un momento prima di rispondere. Può essere utile chiedere loro di chiarire le domande o ripetere alcune cose che hanno affermato, aggiungendo un "è corretto?" per assicurarsi che sappiano che li hai ascoltati. Se rispondi immediatamente dopo che hanno smesso di parlare, sapranno che non stavi davvero ascoltando, ma che invece stavi solo aspettando il tuo turno per parlare, che è l'opposto di essere empatico e carismatico, oltre che irrispettoso.

10. Lavora sul tuo corpo e ottieni una mente più felice

Questo può sembrare ovvio, ma molte persone non riescono a rendersi conto dell'impatto immediato che qualsiasi tipo di attività fisica ha sulla mente e sui livelli ormonali positivi nel cervello. Spesso ignoriamo il nostro corpo durante la giornata lavorativa e siamo troppo stanchi per fare qualcosa di fisico una volta tornati a casa. Se lavori per 40 minuti, se puoi, fai una pausa di 5 minuti per allungare o sollevare pesi liberi in piedi vicino alla scrivania, in una giornata di 8 ore avrai completato un allenamento di dimensioni adeguate. Se non puoi durante il lavoro, cerca di fare un po' di attività fisica una volta tornato a casa, anche semplici esercizi che puoi trovare facilmente in internet, oppure segui di seguire delle lezioni via web (ce ne sono una miriade). Il movimento, l'esercizio di rafforzamento, le attività cardiovascolari e gli esercizi di tonificazione servono tutti a sostenere il nostro programma di costruzione del carisma di pensiero positivo, migliore postura, forza interiore e gratitudine. Non ignorare il tuo corpo se vuoi coltivare una mente più sicura.

11. Rifiutati di impegnarti in una conversazione negativa

Uno dei modi più semplici per far parlare le persone è lamentarsi di qualcosa, tuttavia, noterai che se lo fai, le uniche persone di cui hai catturato l'attenzione sono le persone negative. È troppo facile quindi non caderci, basterà rifiutare di iniziare le conversazioni sottolineando l'aspetto negativo di qualcosa.

12. L'importanza dei confini

Quando ci si sposta nel mondo sociale e degli affari, è essenziale conoscere i propri confini personali de essere pronti a difenderli. Essere carismatici non significa essere un pazzoide. C'è una linea sottile per camminare tra fascino e accondiscendenza. Una persona sicura di sé non se ne sta a guardare mentre qualcun altro calpesta il proprio spazio personale, gli ideali, l'etica, i valori e il rispetto di sé. Se hai un'attività in proprio o hai appena ottenuto una nuova promozione, potresti essere tentato di rinunciare al tempo dedicato a te stesso e tuffarti a capofitto. Il problema è che sei sulla buona strada verso l'esaurimento. Devi imparare a delegare, devi anche dire di no, in modo sicuro e non minaccioso. Offri una soluzione alternativa che sia nel migliore interesse di tutti.

13. Non vivere per la convalida di altri

È importante guadagnarsi il rispetto delle altre persone, ma alla fine della giornata, nulla di ciò che fai dovrebbe essere esclusivamente allo scopo di accontentare gli altri. Devi promuovere il rispetto di te stesso e un senso di realizzazione. Quelle cose vengono da dentro, non dalle parole di altre persone.

14. Non aver paura di appassionarti

Appassionarsi a qualcosa accende un fuoco dentro di te che gli altri possono vedere e ammirare. Non aver paura di mostrare a te stesso ciò che ti eccita e ti motiva veramente nella vita. Nascondersi crea l'effetto opposto dell'essere carismatici.

15. Sii fedele a te stesso

Infine, tutto ciò che fai dovrebbe contenere un riflesso di chi sei come persona. Ci sono sempre più scelte e opportunità. Non vivere la tua vita inseguendo il sogno di qualcun altro, coltiva i tuoi obiettivi, i tuoi sogni, e poi inseguili. Nessuno ha il diritto di dire a qualcun altro come dovrebbe vivere la propria vita. La vita è un viaggio emozionante, esci ed esplora ciò che ti incuriosisce di più.

Capitolo 7. In che modo le interazioni sociali possono influire sulla creazione di nuove amicizie

Non importa chi siano i tuoi amici, devi per loro, essere un amico che ha grandi cose da offrire. Come probabilmente avrai già avuto esperienza in prima persona, essere amico di qualcuno che non ti stima o che non si prende il tempo di condividere delle cose con te, ti farà sembrerà di essere coinvolto con qualcuno che è egoista. Le amicizie tossiche sono pericolose e sconvolgenti, quindi anche tu, non essere quel tipo di amico. Sappi che le amicizie richiedono lavoro e impegno per essere mantenute. Non puoi aspettarti di fare un mucchio di nuovi amici e tenerli tutti senza fare nulla in cambio. Devi essere lì per loro e mostrare che ci tieni a quello che sta succedendo nelle loro vite.

Se vuoi assicurarti di essere il miglior amico possibile, considera questi suggerimenti su come mantenere attive le tue amicizie:

- Trascorri del tempo insieme durante un fine settimana: quando sei in grado di uscire con qualcuno in un giorno che non è pieno di obblighi, avrai la possibilità di fare più cose. La domenica mattina è normalmente un ottimo momento da trascorrere con le persone. Sono rilassati e aperti a molte possibilità. Assicurati di non avere altri piani che ti ridurranno il tempo da trascorrere con questa persona. Fate colazione insieme e restate tutto il tempo che volete entrambi. Da qui puoi decidere cosa fare dopo. Sii spontaneo! Considera gli interessi che avete, in modo da poter intraprendere un'attività divertente che piacerà a entrambi.

- Sentiti a tuo agio con il silenzio: nelle amicizie, specialmente in quelle consolidate, non dovresti aspettarti che ogni singolo momento sia pieno di conversazioni. Impara ad accettare il silenzio come un tesoro. Mettiti a tuo agio in questi momenti e non sentire di doverli riempire solo per il gusto di riempirli. Coloro che si sentono a proprio agio l'uno con l'altro, in generale, non hanno bisogno di conversazioni di riempimento per mantenere questo comfort. Potrebbe volerci del tempo per raggiungere questo punto con le tue varie amicizie, ma sappi che accettare il silenzio non è una cosa negativa. Può fornirti momenti di riflessione che possono essere ottimi per l'amicizia. Potresti realizzare che ti piace passare questo tempo l'uno con l'altro.

• Confidati quando ne hai bisogno: divertirti in un'amicizia è una bella sensazione, ma anche poter contare su qualcuno quando sei infelice, può essere altrettanto bello. Che tu abbia bisogno di supporto emotivo o fisico, dovresti essere in grado di contattare i tuoi amici quando ne hai bisogno. Questo tipo di sistema di supporto reciproco è ciò che porterà la tua amicizia al livello successivo. Può essere facile pensare a cose divertenti da fare, ma aiutarsi a vicenda in tempi difficili diventerà ancora più un'esperienza di apprendimento.

• Prenditi del tempo per loro: potresti avere una giornata impegnativa davanti a te, ma quando il tuo amico ti chiede se puoi essere lì per loro, dovresti fare del tuo meglio per esserci. Fallo perché tieni a queste persone e l'azione dovrebbe provenire dal cuore. Non far sentire mai in colpa i tuoi amici per il tempo che decidi di riservare loro. Sono importanti e degni di sostegno quanto te. Anche se ti sembra che non stia accadendo nulla di terribile, essere lì per i tuoi amici, in generale, mostrerà che sei impegnato nell'amicizia. Tutto ciò per cui dedichi tempo è qualcosa che consideri importante, e può significare molto, quando gli altri lo vedono.

• Condividi le tue idee: i tuoi amici possono aiutarti a sviluppare le tue idee. Quando sei in grado di fare brainstorming con loro, si sviluppa un modo di pensare creativo. Questa creatività può portarti lontano, aprendo la tua mente a nuove idee o ispirandoti a cercare nuove opportunità. Non è un segreto che le amicizie possono aiutarti a crescere, ed è segno di una grande amicizia quando sei in grado di discutere idee con loro. Anche se il tuo amico sta semplicemente ascoltando, questo potrebbe essere l'esatto impulso di fiducia di cui hai bisogno per continuare a inseguire i tuoi obiettivi.

- Crea aggregazione: lavorare insieme per creare qualcosa può essere un ottimo modo per costruire la tua amicizia. Anche se non è necessario diventare partner commerciali, anche creare insieme un'opera d'arte può essere un modo per legare. Il processo di creazione è divertente ed emozionante. Diventa ancora più interessante quando lo condividi con qualcuno con cui ti piace passare il tempo. Non solo è divertente, ma può aiutarti a crescere individualmente.

- Presta attenzione ai dettagli: quando incontri qualcuno per la prima volta, probabilmente non conoscerai ogni singolo dettaglio su di loro. Questa parte arriva dopo un po' di tempo che ci si conosce. L'attenzione ai dettagli è un grande tratto da esprimere all'interno di un'amicizia. Dal ricordare i compleanni dei tuoi amici ai loro colori preferiti, sarai in grado di mostrare loro quanto ci tieni dedicando del tempo a memorizzare questi dettagli. Non considerare nessun dettaglio troppo grande o troppo piccolo, sappi che sono tutti ugualmente importanti. Questi dettagli sono ciò che rende i tuoi amici ciò che sono.

- Fai un viaggio insieme: andare in vacanza con il tuo amico è un modo divertente per legare. Anche se una vacanza "lunga" potrebbe non essere realistica per il tuo tempo e il tuo budget, puoi comunque trovare modi per viaggiare insieme. Fare un semplice viaggio in macchina insieme in una città vicina, anche di una giornata, può rivelarsi divertente tanto quanto un'intera vacanza. Quando esplorate insieme un nuovo posto, sarete entrambi allo stesso punto di partenza. Dal decidere quale strada prendere al dove fermarsi per mangiare, dovrai condividere assieme al tuo amico queste decisioni. Questo è un modo significativo per trascorrere del tempo l'uno con l'altro.

- Condividi il tuo passato: forse i tuoi amici non erano presenti nel tuo passato, ma ciò non significa che devi tenerli lontani da questo. Condividere il tuo passato è un modo per mostrare ai tuoi amici quanto ti fidi di loro. Il tuo passato ha molto a che fare con la persona che sei diventato oggi. Fornisce alle persone una comprensione più profonda del perché sei come sei. Se hai voglia di condividerlo con un amico, questa è una grande cosa, rafforzerà il tuo legame e consentirà una migliore comprensione di chi sei.

Queste idee hanno il solo scopo di farti iniziare a rafforzare le tue amicizie. Le idee migliori vengono dal cuore. Conosci meglio i tuoi amici, quindi assicurati di pensare a modi diversi di trascorrere del tempo insieme che andranno a beneficio delle cose che a entrambi piace fare. La semplice idea di provare qualcosa di nuovo insieme può essere sufficiente per ricostituire l'amicizia. Poiché impiegherai tempo e sforzi per provare questa nuova cosa, il tuo amico vedrà quanto sei impegnato nell'amicizia.

La parte migliore dell'amicizia è che non ci sono regole! Finché vi trattate a vicenda con gentilezza e rispetto, non c'è nulla che dovrai fare per dimostrare di essere un grande amico, avverrà tutto spontaneamente. Ciò che conta di più è che entrambi vi sentiate soddisfatti all'interno dell'amicizia. Se arriva un punto in cui non senti di essere pienamente apprezzato, parlane. Il tuo amico non si renderà sempre conto che ti senti in questo modo, quindi è meglio parlare di come ti senti ed essere onesto al riguardo, invece di trattenere questi sentimenti in modo passivo-aggressivo. Non dare per scontato che il tuo amico possa leggere la tua mente. È all'interno di questa eccellente comunicazione che sarete in grado di elaborare qualsiasi cosa insieme.

Sappi che alcune persone richiedono tipi di amicizie "diverse". Tradizionalmente, un'amicizia implica parlarsi spesso e trovare il tempo per vedersi di persona ogni volta che è possibile. Alcune persone vogliono quelle che sono note come "amicizie a bassa manutenzione". Questi sono i tipi di amicizie in cui non parli o esci così spesso, ma mantieni comunque un'amicizia di successo. Proprio come le tue abilità sociali, alcune persone vorranno l'amicizia solo a piccole dosi. Va bene, purché entrambe le parti siano felici e comprendano la dinamica.

Attento a quelle amicizie che ti svuotano. L'opposto della bassa manutenzione, è avere un amico che chiede di vederti tutto il tempo e vuole parlare 24 ore su 24, 7 giorni su 7. Questo può diventare una situazione fastidiosa da gestire nella tua vita. Anche se è bello pensare che il tuo amico ti apprezza così tanto, può effettivamente diventare un ostacolo per te, se poi inizia a "lamentarsi" per il tempo che non puoi dedicargli. Presta attenzione a questo tipo di amicizie perché potrebbero rivelarsi, nel tempo, un'esperienza negativa.

Come essere te stesso

È facile perdersi nelle abitudini e nei modi di fare degli altri. Anche se senti che potresti avere il potere della socializzazione e dell'amicizia, sappi che rimanere fedele a quello che sei è sempre molto importante. Non permettere alle opinioni degli altri di prendere completamente il sopravvento sulla tua morale e sui tuoi valori. Più tempo passi con qualcuno, più è probabile che capirai i suoi comportamenti, questo è qualcosa che accade naturalmente nelle amicizie ma, sei ancora te, non importa quanti amici acquisirai lungo la strada. Ricorda, il tuo vero sé è ciò che ti ha portato questi amici. Se ti trasformi semplicemente in qualcun altro, le persone potrebbero iniziare a perdere la versione originale di te che hanno conosciuto.

Trascorrere del tempo a lavorare su te stesso ti renderà un amico migliore. Ora che hai la capacità di fare amicizia e costruire connessioni, passare del tempo da solo è probabilmente l'ultima cosa che vorrai. Sappi che questo andrà a beneficio di tutte le tue amicizie e delle interazioni future. Controlla regolarmente te stesso e chiediti se sei la versione migliore di te che puoi avere. Ami ancora la persona che sei? Se la risposta è no, allora qualcosa deve cambiare.

Se smetti di amare te stesso, potresti proiettare queste insicurezze sui tuoi amici, facendoli sentire involontariamente in colpa. Sappi che puoi essere felice da solo, quanto puoi esserlo con un amico. Esci con te stesso e conosci te stesso come faresti con un'altra persona. Sebbene queste situazioni non debbano accadere sempre, è comunque una buona idea farlo occasionalmente in modo da sapere per certo che ami ancora te stesso e la persona che stai diventando.

Prenditi il tempo per reinventarti, se devi. Fai qualcosa di nuovo che non conosci. Quando avrai più amici, probabilmente avrai più fiducia. Sappi che puoi ancora trovare modi per sfidare te stesso, che saranno diversi da quelli che utilizzavi prima. Mettiti in situazioni in cui non senti di sapere esattamente cosa succederà. Questo è un ottimo modo per coglierti alla sprovvista e per osservare davvero come reagisci alle nuove situazioni. Probabilmente scoprirai che ci sono molti più interessi che potresti voler esplorare.

Quando non ti senti te stesso, apriti ai tuoi amici. Potrebbero essere in grado di ricordarti il perché sei per loro una grande persona. È comune perdere di vista noi stessi nel tempo. Questo è qualcosa di naturale che quasi tutti devono sperimentare. Può succedere molto nella socializzazione, a causa della pressione a trasformarsi in qualcuno che è apprezzato dalle masse. Comprendi che non tutti devono piacere a te. Non c'è alcun obbligo di compiacere il mondo. Finché sei felice e tratti bene i tuoi amici, sentiti orgoglioso di chi sei.

Capitolo 8. Incontro con le persone

Presentazione di sé e delle altre persone

Quando le persone imparano a presentare sé stesse e gli altri in situazioni informali e formali, il loro livello di fiducia tende a raggiungere nuove vette. Le capacità di incontrare persone e fare presentazioni sono le basi per riunire le persone. Le persone che hanno padroneggiato queste abilità automaticamente e inconsciamente svolgono le veci di "padrone di casa" ovunque vadano, il che può essere piuttosto interessante da guardare.

Le persone interagiscono con livelli sociali diversi. Molti socializzano con colleghi, vicini di casa, familiari e così via. Nella maggior parte dei casi, le persone tengono separati i loro diversi circoli sociali, involontariamente o intenzionalmente. Tuttavia, ci sono molte situazioni in cui quei gruppi di persone si incontrano, ad esempio, a feste, funerali, matrimoni e così via. Quando ciò accade, potrebbe essere necessario fare numerose presentazioni, di seguito alcune casistiche.

Autopresentazione e presentazione degli altri

Le persone sono destinate a incontrare qualcuno che non conoscono, non importa dove vadano. In una grande riunione, festa o evento formale, tutti dovrebbero sfruttare al massimo questa opportunità presentandosi agli altri, così da fare nuove conoscenze. Se le persone che si stanno presentando sono dello stesso sesso e fascia di età, non importa di chi si pronuncia per primo il nome. Tuttavia, se sono di sesso diverso ma appartengono alla stessa fascia di età, si dovrebbe dire prima il nome della donna. Ad esempio, "Roberta, questo è il mio vicino Andrea. Andrea, questa è Roberta". Invece, se hanno una fascia di età diversa, è importante dire prima il nome della persona più grande. Ad esempio, "Zio Fabio, questo è il mio amico Marco. Marco, questo è mio zio Fabio". Infine, se uno di loro è un VIP, il suo nome dovrebbe venire prima.

Cose da tenere a mente

È importante ricordare che quando si presentano i parenti a persone che non li conoscono, si dovrebbero menzionare i loro nomi completi. Gli amici o i colleghi di un individuo non chiamerebbero i suoi genitori "papà o mamma".

È anche utile aggiungere qualche informazione in più su chi si sta presentando. Ad esempio "Fabio, questa è Elena, lei adora fare le escursioni". Questo dà a Fabio un eccellente argomento di conversazione che Elena sicuramente apprezzerà.

Presentazione formali

Nel lavoro e in altri contesti formali, è importante usare il nome e il cognome quando si presentano le persone. Le presentazioni fatte in contesti formali, come gli eventi aziendali, dovrebbero prendere in considerazione il rango e la posizione. Si dovrebbe prima indicare il nome della persona più anziana. Ad esempio, "Sig. Messina (manager), questo è il nostro nuovo contabile Francesco Sacco".

Quando presenti un benefattore o un cliente speciale, indica prima il suo nome. Ciò si applica anche se la persona a cui si sta presentando occupa una posizione più elevata nel luogo di lavoro di un individuo. Ad esempio, "Sig. Minetti, le presento il professor Roberto Rossi, che è il presidente della nostra azienda". D'altra parte, quando si introducono persone di pari rango nel mondo accademico o aziendale, si dovrebbe iniziare con la persona che si conosce meno bene.

Altre cose da tenere a mente

1. Dopo l'introduzione, continuare sempre a rivolgersi agli altri come Sig. o Sig.ra, a meno che non venga espressamente richiesto di utilizzare il nome.
2. È importante usare il nome e il cognome quando ci si presenta.

3. Durante le cene o in ambienti formali, chi ha organizzato incontra, saluta e presenta persone che non si conoscono. Negli eventi di networking, tuttavia, le persone sono libere di presentarsi.

4. Poiché alcune persone tendono a faticare quando si tratta di ricordare i nomi, potrebbero essere necessarie reintroduzioni.

È importante sfruttare al massimo ogni opportunità di presentazione. Incontrare una nuova persona può essere divertente come aprire un regalo. Una nuova conoscenza può rivelarsi un ottimo cliente, migliore amico o persino il futuro amore di una persona. I vantaggi sono infiniti.

Le presentazioni appropriate aiutano le persone a sentirsi a proprio agio in situazioni sia formali che informali, il che le aiuta ad avere conversazioni più confortevoli. In altre parole, l'obiettivo delle presentazioni è dare alle persone l'opportunità di incontrare qualcuno di nuovo. Conoscere tutte le regole per presentare sé stessi e le altre persone, così come tutti i tipi di presentazioni, dovrebbe essere facile per chiunque. Padroneggiare l'abilità di incontrare persone può aiutare ad avere un bell'aspetto per coloro che si incontrano per la prima volta o che si presentano agli altri.

Connessioni di persone

La connessione delle persone è semplicemente il processo di come gli esseri umani si collegano e formano una profonda comprensione l'uno dell'altro, quando si rendono conto di condividere gli stessi obiettivi e la stessa visione. Le connessioni con le persone migliorano le nostre abilità sociali. Questa abilità aiuta le persone ad evitare di essere ansiose o imbarazzanti nelle configurazioni sociali e a mettersi in gioco. Connettersi con le persone al giorno d'oggi può essere fatto fisicamente (di presenza) o utilizzando la tecnologia. Facendo semplicemente clic su un pulsante, è possibile creare nuove connessioni su diverse piattaforme social. Tuttavia, le connessioni con le persone più importanti e preziose avvengono faccia a faccia.

Come incontrare nuove persone?

Il processo di incontro con nuove persone può iniziare semplicemente, per esempio, parlando con quel collega che solitamente non saluti mai o con il vicino che incontri ogni giorno a spasso con il suo cane. Partecipare a cose come gallerie d'arte, club del libro, corsi di cucina o recital musicali è un buon modo per incontrare nuove persone. Quando incontri nuove persone, sii aperto a provare cose nuove a cui altrimenti diresti di no. Quando stabilisci le connessioni, mostra sincero interesse.

Come sviluppare la connessione con le persone

Molti di noi sperano di incontrare persone e sviluppare connessioni con loro. Se uno si sente a disagio o timido nel mettersi in gioco, ecco sette modi in cui può migliorare le capacità di connessione con le persone:

- Essere una persona socievole - Molte volte le persone evitano di mettersi in situazioni sociali che le faranno sentire timide, a disagio o ansiose. Per entrare in contatto con gli altri, parlare, interagire e socializzare con persone che non conosci, non lasciare che la timidezza o l'ansia ti trattengano.
- Incoraggiali a parlare di sé stessi - Se a qualcuno manca questa abilità, il modo migliore per iniziare a svilupparla è incoraggiare gli altri a parlare di sé stessi in contesti sociali. Durante la conversazione mostra interesse per la loro carriera, famiglia o eventi attuali, ma evita argomenti controversi come la politica.
- Offri commenti lusinghieri: impara a complimentarti educatamente o lodare le persone che incontri per qualsiasi cosa abbiano fatto o realizzato. Se vuoi vederli esibirsi, lodali per la loro esibizione. Questo di solito è un rompighiaccio quando si iniziano le conversazioni.
- Avere un'etichetta adeguata - La gentilezza e le buone maniere, in generale, aiutano a migliorare le capacità sociali di una persona. Quando ti rivolgi a nuove persone, assicurati di mantenere una corretta etichetta, in realtà, ancora non sai chi incontrerai.
- Avere un obiettivo - Stabilire un obiettivo per te stesso è un buon modo per sviluppare questa abilità. Se il tuo obiettivo è entrare in contatto con

due persone al giorno, sforzati di farlo. Puoi iniziare in piccolo, quindi potrai aumentare il numero quando diventerai più sicuro.
- Sii appassionato del linguaggio del corpo delle persone - si può imparare molto, semplicemente osservando il linguaggio del corpo di un individuo. Cerca di notare se la tua presenza mette qualcuno a suo agio o a disagio e reagisci in modo appropriato. Le persone a disagio molto probabilmente non saranno disposte a sostenere una conversazione molto a lungo.
- Presta attenzione - quando incontri nuove persone, è sempre bene assicurarsi che non ci siano distrazioni che interrompono le conversazioni come un telefono cellulare che continua a ronzare. Fare riferimento alle cose che hanno appena detto, mostra che stavi effettivamente ascoltando e fa venire loro voglia di aprirsi ancora di più.

Come mantenere le connessioni dopo il primo incontro

Dopo essersi connessi con le persone in incontri sociali, la connessione può terminare rapidamente non appena l'evento è finito. Tuttavia, è possibile rafforzarlo attuando piccoli accorgimenti.

- Estendi un invito - Una volta stabiliti interessi comuni, sii tu a rompere il ghiaccio e invitali per il tè o per eventi simili. Offri l'invito al termine della conversazione. Sarai sorpreso di quanti, effettivamente, accetteranno.
- Scambia i biglietti da visita - Se si tratta di una configurazione aziendale, sentiti libero di distribuire il tuo biglietto da visita, nel caso vogliano contattarti, e chiedere cortesemente il loro.
- Partecipa a eventi simili: il modo migliore per incontrare di nuovo qualcuno dopo aver stabilito la prima connessione è partecipare a un altro evento simile a quello in cui ti sei incontrato inizialmente. Se ti sei incontrato in una galleria d'arte, le possibilità di incontrarli in un'altra galleria d'arte sarà piuttosto elevata.

Il vantaggio delle connessioni delle persone

Connettersi con gli altri e migliorare le proprie abilità sociali ha i seguenti vantaggi:

- Sviluppa la fiducia in sé stessi di un individuo - Essere in grado di incontrare, interagire e connettersi con altre persone è un modo sicuro per aumentare la fiducia in sé stessi.
- Aiuta a costruire relazioni - Creare nuove connessioni può aiutare a costruire nuove relazioni e amicizie future. Queste nuove connessioni possono aprire la porta a nuove opportunità di lavoro o affari, nuove amicizie e aiutarti a capire meglio gli altri.
- Migliorare la comunicazione - È probabile che il collegamento con gli altri aiuti a sviluppare migliori capacità di comunicazione. Connettendosi con molte persone, si è in grado di apprendere e sviluppare le proprie capacità di comunicazione.
- Aiuta a diventare più efficienti - Connettendoti con gli altri, impari a capire rapidamente cosa ti piace e cosa non ti piace delle persone, ed eviti le persone che non ti piacciono.

Non tutti in un evento saranno interessati a connettersi con te e viceversa. Tuttavia, l'obiettivo è concentrarti sui tuoi obiettivi e superarli. Evita di soffermarti su eventuali rifiuti e rallegrati le connessioni positive fatte.

Fare amicizia

Fare amicizia è un'abilità sociale che tutti devono praticare nella loro vita. Da giovane era molto più facile fare amicizia che da adulto. Questo è vero perché i bambini non hanno paura di mostrare vulnerabilità. Non si soffermano troppo su ciò che stanno ottenendo dall'amicizia come fanno gli adulti. Gli amici diventano una parte importante della nostra vita. Sono le persone che saranno sempre presenti nei momenti tristi e felici. Tuttavia, esistono diversi tipi di amici:

1. Conoscenti: Queste persone sono quelli che incontri ogni giorno solo perché frequenti la stessa scuola o organizzazione. La tua conversazione con loro è di solito un saluto o chiedere "come stai". Non si incontrano mai da nessun'altra parte.
2. Amici normali: ci si incontra con questi amici ogni tanto e conversazioni con loro riguardano solitamente argomenti regolari.

3. Migliori amici: Sono quelli con i quali le tue conversazioni non si limitano a nulla. Ti fidi l'uno dell'altro e condividi informazioni molto personali. Anche se potresti non incontrarti spesso, la tua relazione è solida e forte.

La maggior parte delle persone si sforza di stringere amicizie regolari e migliori.

Condizioni per fare nuove amicizie

Le seguenti, sono tre condizioni che consentono alle persone di fare nuove amicizie:

1. Posizione: la posizione e la vicinanza di un individuo possono influenzare la sua capacità di fare nuove amicizie.

2. Ripetere le interazioni: l'apertura di una persona a partecipare a interazioni come la scuola o la chiesa, può influenzare la sua capacità di fare amicizia.

3. Apertura mentale: la capacità di un individuo di mettersi in gioco può influenzare la frequenza con cui si connette con gli altri

Suggerimenti per fare nuove amicizie

Fare amicizia può sembrare un compito facile, ma molte persone hanno difficoltà. Ecco alcuni suggerimenti su come fare:

- Mettiti in gioco - Per incontrare nuove persone e migliorare le tue abilità sociali, sii aperto a partecipare a feste, seminari, club e qualsiasi altra organizzazione sociale in cui le persone si riuniscono per svolgere varie attività. Questi incontri offrono un ottimo modo per incontrare rapidamente le persone.

- Fai la prima mossa - Il modo in cui ti senti intimidito quando ti avvicini a persone che non conosci è lo stesso modo in cui si sentono gli altri. Fai il primo passo, saluta e fai conoscenza.

- Conosci le persone - Condividi qualcosa di te stesso e dai anche all'altra persona l'opportunità di condividerlo. L'amicizia è una strada a doppio senso. Avvia conversazioni su cose accadute di recente.

- Avere una mente aperta - Le persone sono esseri diversi. Potresti trovare persone che condividono interessi comuni con te e, quando li frequenti, finisci per non piacerti. Allo stesso tempo, puoi incontrare persone opposte e diventare migliori amici.

- Sii te stesso - Quando incontri nuove persone sii sempre te stesso. Questo li aiuta a decidere se gli piace il vero te o no. Fingere di essere qualcun altro è un'impresa dura da mantenere.

- Trova un modo per restare in contatto - Fare amicizia richiede uno sforzo continuo. Invitali fuori a pranzo, a prendere un tè o prendi i loro contatti e ogni tanto comunica. La tecnologia ormai offre un largo aiuto in tal senso.

- Rimani aggiornato - Un buon modo per rompere il ghiaccio è avviare conversazioni su eventi attuali e notizie di cui tutti parlano. Chiedete loro qual è la loro opinione su alcune questioni purché non siano troppo controverse.

Come mantenere gli amici

Fare amicizia è la parte più facile, mantenerla è solitamente la parte più difficile. Una volta che incontri qualcuno, cerca di essere sempre "reale". Le persone apprezzano gli amici che dicono le cose come stanno, gli amici che non ci girano intorno o mentono per farli stare bene. È probabile che tali amici ricambino allo stesso modo. Per mantenere amicizie durature, essere presenti nella vita dell'altro è importante. Questo non significa solo essere fisicamente presenti, ma anche connettersi con loro tramite messaggi di testo, chiamate o piattaforme social. Sii comprensivo, perché non puoi sempre sapere cosa sta attraversando il tuo amico, in un determinato periodo.

L'importanza di fare amicizia

Fare amicizia ha molti vantaggi. I tuoi amici sono le persone che saranno con te nelle difficoltà della vita, ci sfideranno a crescere e allo stesso tempo ci faranno impazzire, tuttavia, sono importanti per il nostro benessere. Prova a riflettere sui seguenti punti:

1. Gli amici ci aiutano a migliorare le nostre abilità sociali - mettendoti in gioco per incontrare e fare nuove amicizie, stai migliorando le tue abilità sociali. Incontrare le persone richiede la comunicazione e l'interazione con gli altri.
2. Gli amici sono importanti per la nostra salute - Gli amici sono altrettanto importanti quanto il cibo che mangiamo. Abbiamo bisogno di loro per mantenerci forti e sani, fisicamente e mentalmente.
3. Gli amici migliorano la nostra qualità della vita - Nonostante ciò che la vita ci riserva, gli amici ci aiutano a migliorare la nostra qualità della vita. Gli amici saranno sempre lì per ridere, piangere, sostenerci, aiutarci e mettere le cose in prospettiva.
4. Gli amici migliorano i nostri rapporti con gli altri - Attraverso gli amici, possiamo incontrare e interagire con nuove persone. Molte delle nostre relazioni con gli altri si basano su amicizie.

In conclusione, hai bisogno di amici e loro hanno bisogno di te. Incontrare persone è un'abilità sociale importante che è necessaria. Trovare, scegliere e mantenere gli amici giusti farà sempre parte della nostra vita.

Fare uso dei social media

Nel 2019 ci sono 3,4 miliardi di utenti di social media in tutto il mondo e con l'avanzare della tecnologia sempre più persone si connettono online. Il bello è che le persone possono viaggiare in tutto il mondo e restare in contatto. I social media hanno aperto nuove porte alle persone per migliorare le proprie abilità sociali, tuttavia ora le persone devono stare al passo con le nuove applicazioni e il mondo tecnologico in continua evoluzione. Sebbene i social media non offrano le connessioni profonde che derivano dal collegamento con le persone faccia a faccia, offrono più comodità. Ha messo a dura prova le nostre abilità sociali, ma ha anche fornito infiniti modi alle persone di connettersi online.

Alcuni vantaggi dei social media

1. Le persone possono rimanere in contatto - I social media hanno consentito alle persone di rimanere in contatto.
2. Opportunità di lavoro - Molte persone si guadagnano da vivere attraverso varie piattaforme di social media.
3. Networking - È facile per le persone incontrarsi e stabilire connessioni.
4. Supporto - Le persone online possono essere compassionevoli, specialmente quando si tratta di sostenere una causa, cercare giustizia o sostenere le persone che attraversano momenti difficili.
5. Marketing - Molte aziende ora utilizzano i social media per commercializzare i propri prodotti e servizi.
6. Migliorare l'istruzione - Gli studenti di tutto il mondo possono seguire corsi online. Possono ricevere incarichi e partecipare a discussioni utilizzando varie piattaforme di social media.

Svantaggi dei social media

Proprio come la maggior parte delle cose buone, anche i social media hanno un lato negativo. Alcuni svantaggi sono:

1. Cyberbullismo - I social media hanno creato un'opportunità, per delle persone, di inviare messaggi per minacciare e intimidire gli altri.
2. Sfida le nostre abilità sociali - Queste piattaforme hanno reso le persone così incollate alla tecnologia che hanno difficoltà a tenere una normale conversazione, di presenza, con le persone.
3. Creare false supposizioni - Le persone condividono solo ciò che vogliono che tu veda e non le loro vite reali.

4. Confrontare la nostra vita con altre persone - Le persone a volte cadono nella trappola di confrontarsi con gli altri, dimenticando che le persone condividono solo ciò che vogliono che tu veda.
5. Internet ricorda sempre - È molto difficile eliminare qualcosa una volta condiviso su Internet, e talvolta, alcune cose possono tornare a perseguitarti.
6. Bassa produttività - Le persone possono passare ore a esaminare i social media, invece di fare altre cose costruttive. È più o meno una dipendenza.

Importanza dei social media

1. Rafforzare la fiducia delle persone - Quando le persone condividono le loro foto e i loro video, ricevono molti feedback dagli altri, che a loro volta possono motivarli a condividere più cose che li portano fuori dalla loro zona di comfort.
2. Ottenere notizie in tempo reale - Con i titoli che appaiono a portata di mano, i social media tengono le persone aggiornate sulle tendenze e notizie attuali.
3. Migliorare il cambiamento dello stile di vita - Molte persone, come le celebrità, promuovono il loro stile di vita sano attraverso queste piattaforme. Condividono routine di esercizi, diete e prodotti che usano, per motivare i loro seguaci a fare il cambiamento.
4. Libertà di parola: con le varie piattaforme, i social media hanno permesso alle persone di esprimersi.
5. Aiuta le persone a riconnettersi - Molte persone si sono ricollegate con i loro vecchi amici attraverso i social media. In realtà ha facilitato molto la possibilità di rintracciare qualcuno.

Come utilizzare i social media per migliorare le nostre abilità sociali

L'uso delle piattaforme di social media può essere visto come una grande perdita di tempo, ma non è così. Queste piattaforme possono aiutare a raggiungere milioni di persone in tutto il mondo in una frazione di secondo.

Al fine di migliorare le nostre abilità sociali online possiamo:

1. Creare video: le piattaforme di social media di solito consentono ai propri utenti di condividere foto, video o testi con altre persone. Al fine di migliorare le nostre abilità sociali, si può scegliere di condividere i contenuti utilizzando un video anziché scrivere o inviare messaggi di testo. I video danno una visione più chiara di ciò che si sta cercando di comunicare.

2. Offrire una buona assistenza ai clienti: le persone online utilizzano le varie piattaforme di social media per inveire, lamentarsi e condividere le loro delusioni su un prodotto o servizio che non gli è piaciuto. Le aziende possono utilizzare le stesse piattaforme per ascoltare i propri clienti e rispondere alle loro preoccupazioni.

3. Identificare il mercato di destinazione: È possibile utilizzare i social media per raggiungere un determinato mercato di destinazione. Queste piattaforme offrono la possibilità di condividere post in un'area specifica per raggiungere il pubblico a cui si è interessati.

4. Rimanere attivi: Coinvolgere e interagire con le persone online in ogni momento è un modo per migliorare le abilità sociali di un individuo. Inoltre, essere coerenti aiuta a rafforzare vecchie connessioni e ad acquisirne di nuove.

5. Rompere le barriere: I social media hanno abbattuto le barriere di comunicazione con gli altri. Ora possiamo restare in contatto direttamente con chiunque, purché anche lui o lei utilizzi le stesse piattaforme.

Le piattaforme di social media hanno notevolmente migliorato le nostre capacità di comunicazione, ciò che possiamo fare è utilizzarle per migliorare le nostre capacità sociali e la vita in generale. Queste piattaforme diventeranno solo più pervasive nelle nostre vite, quindi prima saliremo sul carro, meglio è.

Conclusioni

Se desideri goderti tutto ciò che la vita ha da offrire, migliorare le tue abilità sociali non è negoziabile. È ora di uscire dal guscio che ti sei costruito a causa dell'ansia sociale, della timidezza e della mancanza di fiducia. Rimanere in questo guscio finirà solo per derubarti di tutta la bontà e le ricchezze che ci sono là fuori. C'è più significato e senso nella vita, quando viene goduto in compagnia di altri e non in isolamento.

La pratica e i suggerimenti presentati in questo manuale non ti trasformeranno dall'oggi al domani. Abbiamo presentato tonnellate di informazioni e alle volte i concetti sono stati ripresi più volte per dare la possibilità di fissarli bene nella mente, per poi metterli in pratica. Assicurati di prendere ogni capitolo e lavorare sulle idee e i suggerimenti consigliati. Con il tempo, la dedizione e la costanza, noterai un notevole miglioramento. Come con qualsiasi altra abilità, le abilità sociali richiedono tempo e impegno, è un corso a sé stante. Inoltre, guardando all'incredibile svolta che lo sviluppo delle tue abilità sociali può darti nella tua vita, vale la pena tentare.

Ricorda, procedi a piccoli passi, e aver riconosciuto i propri limiti, equivale ad aver superato la barriera più grande. È anche importante sottolineare che dovrai affrontare il rifiuto. Quando questo avverrà, non prenderlo come una scusa per tornare nel tuo guscio. Lascia che il rifiuto sia uno stimolo per aiutarti a migliorare nel gestire il rifiuto stesso. Tieni presente che tutti coloro che hanno avuto successo, hanno il fallimento nella loro storia di successo.

Costruire le tue abilità sociali può sembrare una cosa difficile, ma con la massima dedizione puoi migliorarle, in modo che diventino una parte naturale di te.

Questi concetti sono chiari, diretti e semplici, ma così come ogni passaggio di cui abbiamo parlato in questo libro potrebbe aiutare, non sostituisce comunque l'aiuto professionale. Se ritieni di non poterli implementare e, qualunque cosa tu faccia, non riesci a fare nuove amicizie, la soluzione migliore è cercare un aiuto. Andare da uno psicanalista non è un grosso problema e non c'è assolutamente vergogna. Fai quello che puoi per migliorare te stesso e il primo passo per farlo è affrontare le problematiche che si presentano.

"Non permettere a nessuno di passeggiare nella tua mente con i piedi sporchi"

Mahatma Gandhi

CPSIA information can be obtained
at www.ICGtesting.com
Printed in the USA
LVHW082004060421
683574LV00002B/136